法国玩全指南

FRANCE GUIDE & MAP

彭欣乔　编著

中国旅游出版社

目录

法国玩全指南

Contents

本书使用指南

★城市导览图示解读原则

旅游重点
景点或商店的功能指示，此处有赏玩买吃宿五种，提供读者参考。

景点特色
景点或商店的说明。

DATA
景点或商店的基本资讯，如地址、电话等。

大皇宫 Grand Palais

艺术与科学的华美殿堂

map P059 C2

美丽的玻璃屋顶和铁制桁架，勾勒出这座混合新艺术风格的繁复建筑，分别装饰着巨型马车铜像的四角，更衬托出它的宏伟与壮丽。大皇宫原是为了1900年的第五届万国博览会而建，如今成为一处展览场，共分为三个部分：大皇宫国家画廊（Galeries Nationales du Grand Palais）定期展出特殊主题画展；发现宫（Palais de la D couverte）从1937年开始成为科学发明博物馆；至于中殿则成为经常举办文艺活动的餐厅。

DATA

景点名称
景点或商店名称。

地图坐标
景点或店家位置的地图所在页码与索引坐标。

详细介绍
关于景点或店家的重点介绍。

★旅游重点图示

赏　玩　买

食　宿　享

游

★交通图示说明

搭飞机　搭火车　搭巴士

★地图图示解读原则

道路 Bd des Capucines

铁路

缆车

城墙

地铁站 M

RER车站 R

书中介绍景点 ●丽兹酒店 Hôtel Ritz Paris

其他重要景点 ●马塞纳广场 Pl. Masséna

Area Map分区地图检索

认识法国

历史上的法国

法国是欧洲大国之一，历史久远，文化灿烂。公元前 1000 年左右，高卢人（自称克尔特人）自中欧山区迁此。公元前 181 年和公元前 154 年，罗马人两次入侵高卢，把整个地中海沿岸的高卢地区划为罗马的 2 个行省，今日的普罗旺斯一带为其中的一个行省 (rvovinciz)。公元前 58 年～前 51 年，罗马人占领全部高卢，在这里建立奴隶制庄园，于是这片称之为高卢(Galli) 的土地，被纳入了恺撒大帝统治的罗马帝国版图。

5 世纪末，来自东边的法兰克人 (Francs) 首领克洛维一世 (Clovis I) 征服了卢瓦尔河与索姆河 (Somme) 之间的罗马领土，建立了法兰克王朝，并定都巴黎。接着，掌握大权的加洛林王朝 (Carolingiens) 在查理大帝任内形成一个庞大的查理曼帝国 (768～814 年)，然而随着查理大帝之死，帝国陷入分裂，他的其中一位孙子“秃头查理” (Charles the Bald) 继承了今日法国起源的西法兰克王国。公元 843 年，查理曼帝国分裂为三个王国，其中法兰克王国拥有大体相当于现在法国的版图，成为独立国家。1328 年，查理四世 (Charles IV) 驾崩，让统治长达三个多世纪的卡佩王朝 (Capétiens) 绝后，因而引发了法国王位的继任之争，英王爱德华三世 (Edward III) 渡海征法，掀起了英法百年战争。1429 年，圣女贞德在奥尔良击退英军，并于兰斯 (Reims) 拥立查理七世为法王。法国终于在 1453 年获得最后胜利，同时逐渐成为一个中央集权的国家。

16 世纪下半叶的三十年宗教战争，让法王路易十四的君主极权统治达到巅峰，王室的挥霍无度与征战频仍，终于在 1789 年引发法国大革命，将路易十六推上了断头台。废除封建制之后，在短短不到 60 年的第一与第二共和之间，历经了四次让拿破仑大权在握的君主制。普法战争后成立第三共和国，全球第一个无产阶级政权——巴黎公社也是在此期间成立的。不过两次世界大战都让法国损失惨重，第二次世界大战期间还惨遭德国占领。第三共和国的最后一任国防部副部长戴高乐将军 (Charles de Gaulle) 逃亡英国，成立了发起法国地下运动的武装抵抗组织，终于在 1944 年底与同盟国合力收复法国，戴高乐从而成为法兰西共和国临时政府首脑。

今日法国

临时政府在戴高乐的领导下通过了新宪法，执政党联盟掌管第四共和国政府。然而阿尔及利亚的独立问题暴露了当时的法国政府对于政策处理的无能，戴高乐只得再次复出政坛，成立紧急政府，通过另一部宪法，并进行总统选举，他也成了第五共和国的首任总统。1969 年，备受人民爱戴的戴高乐退离政治舞台，由蓬皮杜、密特朗以及希拉克先后接任总统职务。

如今，法国是欧盟 (EU) 中举足轻重的国家之一，这一组织由根据 1957 年的《罗马条约》创立的欧洲共同体发展而来。法国的未来发展与欧洲各国有了越来越紧密的关系。

法国小档案

地理位置	位于欧陆西侧，国土呈现六角形，面积约55万平方千米，西北、西与东南方分别濒临英吉利海峡、大西洋与地中海，东北与东边则与比利时、卢森堡、德国、瑞士、意大利接壤，西南方隔着比利牛斯山与西班牙相望。
人口	约6700万人
官方语言	法语
货币	欧元，人民币 10元约等于1欧元。
时差	夏天比北京慢7小时，冬天慢6小时。

FRANCE

法国旅游日历

节日　活动　✱为变动节日的2007年日期

1月　2月　3月　4月　5月　6月

上　中　下

1月

1月1日
元旦

11月~3月
松露季

2月

2月16日~3月4日
✱尼斯嘉年华

2月17日~3月7日
✱蒙顿柠檬节

3月

3月中
百货公司拍卖活动

3月最后一周
巴黎3月古董展

4月

4月8日
✱复活节

4月9日
复活节隔日周一

4月6日~4月9日
✱阿尔勒春季斗牛节

5月

5月1日　劳动节

5月8日　第二次世界大战德国投降纪念日

5月16日~5月27日
✱戛纳国际电影节

5月17日
✱耶稣升天日

5月24日~5月27日
✱摩纳哥F1（一级方程式）锦标赛

5月25日　✱圣灵降临日

5月26日
✱圣灵降临日的隔日周一

5月27日~6月10日
✱法国网球公开赛
（地点：巴黎）

6月

6月中~7月初
各地的中世纪节庆

6月18日~6月24日
✱巴黎航空展
（两年一次）

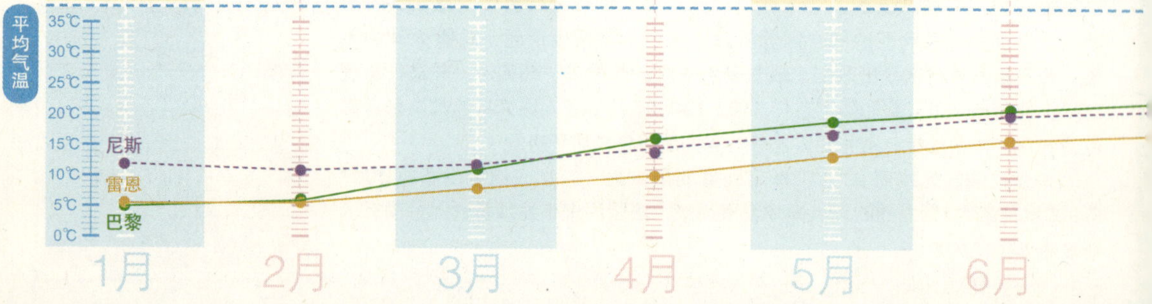

7月 上 中 下 | 8月 上 中 下 | 9月 上 中 下 | 10月 上 中 下 | 11月 上 中 下 | 12月 上 中 下

中~7月初

7月7日~7月29日
✱环法自行车大赛

7月6日~7月7日
✱阿维尼翁戏剧节

7月14日
国庆日

7月15日
圣母升天日

6月底~7月底
夏季拍卖

9月~10月底的周末
大巴黎地区音乐节

9月中~11月底
各地葡萄酒节

11月1日
万圣节

11月11日
第一次世界大战结束纪念日

11月第三个星期四
博若莱新酒节

11月~3月
松露季

12月25日
圣诞节

12月下旬
各地的圣诞市集

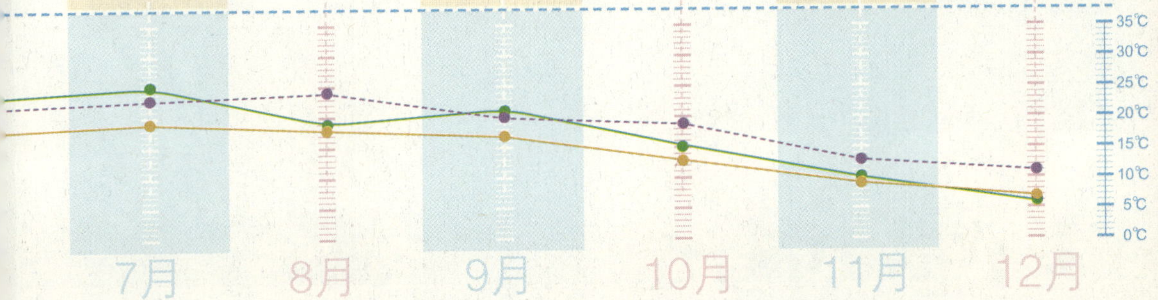

Part 1

行前准备

Planning Your Trip

隔着千里的距离，跨越了7个小时的时区，让千年来受到不同文化熏陶的法国与中国，在生活细节与处世态度上有着明显的不同。聊天、散步、泡咖啡馆是法国人的嗜好，悠闲的生活步调也增添了法国的浪漫色彩。若不想在旅途中因为不同的思考模式所产生的误会坏了游兴，赶快翻开下一页看仔细！

行前须知

1 行走大城市，随时随地请靠边。

在巴黎这样的大城市中，常常会出现人潮汹涌的情况，因此，无论搭乘火车、地铁还是百货公司等公共场所的手扶梯，都请别忘了靠右边站立，以让出通道给急着通行的人。另外，行走于街道上时也应尽量遵守这项规则，以免被夹在与自己反向前进的人潮中而难以前行。

2 小心扒手出没你身边。

法国治安基本上良好，除了大城市会有扒手出没以外，一般城市都算安全。在巴黎尤其是香榭丽舍大街、卢浮宫、蒙马特尔、磊阿勒等人潮众多的地方，以及歌剧院区以北外国移民比较复杂的区域里，必须特别小心，搭乘地铁或手扶梯时最好不要将包包背在身后，夜间不要前往布隆尼公园或人烟稀少的地方。马赛是另一处治安比较有隐忧的城市，行走巷道请小心，夜晚尽量避免独行。女性游客不要随意接受陌生人的邀请前往咖啡馆或酒吧，以免产生不必要的误会。

3 可以借个火或借根烟吗?

香烟在法国属于“奢侈品”，一包烟的价格可能是国内的几倍，而且在当地也很难买到国内这样几元一个的打火机，因此往往站在路边点上一根烟，十之八九都会遇上来借火或借烟的人，当然常遇上这种情景的人也有了基本答案：“我只剩最后一根烟了。”所以奉劝前往法国的瘾君子带够“补给品”，当然最省事的方法就是把烟戒了。

4 见面时先给个亲亲！

亲脸颊在法国属于社交礼仪之一，法国人与友人碰面时都会以此动作打招呼，即使是第一次见面的朋友也会这么做，不过对于外国人则视情况而定。亲脸颊通常从左边开始，至于次数则没有严格的规定，一般在大城市大多左右各一下，而越往南部或乡下则次数越多，有时可能多达四下。不过要注意的是，所谓的亲脸颊并不是真的亲，而是双方脸颊轻轻触碰，轻轻发出亲吻的声音即可。

5 小费怎么给才不失礼？

在法国，给小费是一种“礼貌”，除非发生令人不满意的事。游客最常遇到的是餐厅、咖啡馆或饭店的服务人员。小费的多少与消费金额和餐厅或场所等级有关。在餐厅结账时先看看账单上是否已包含服务费（Service Compris），在包含服务费的情况下，虽然可以不用再付小费，但一般人仍习惯留下5%的消费金额；不包含服务费（Non Comprise）的，则需留下15%的消费金额当做小费。至于咖啡馆与小酒馆，一般多留下找零即可。

6 小心地上“黄金”！

法国人爱动物有名，因而有着“宁愿养狗，也不愿意生小孩”的玩笑话，这样的情况尤其在大城市相当常见。或许是因为法国常有大型“吸尘器”在街道上清理垃圾，所以狗主人自行处理宠物排泄物的情况并不常见。因此，行走于小巷间特别是住宅区时，一边欣赏风景，一边别忘了特别要注意脚下，以免误踩“黄金”。

7 到底是1楼还是2楼？

每次看法国的旅游指南，常常有一种疑惑，书上标示出的1楼到底是国内的1楼还是法国的1楼？原因在于法国与我们的楼层计算方式不同，我们的1楼是当地称之为“地面楼”或“底层”的“rez-de-chaussée”；我们的2楼则是他们的1楼，也是他们称之为“1ère étage”的地方，之后楼层以此类推。为了便于读者理解，本书中所有楼层都以国内的楼层标示方式为主。

8 购物的基本礼仪。

在法国，无论前往店面还是摊贩，商家与客人通常习惯说声“Bonjour”（日安）互打招呼。在观看商品的同时，不要随意动手翻动，尤其是看到“Non Touchez”（请勿触碰）的牌子时，务必寻求店员协助：“Je voudrais regarder.”（我想看看）。另外，若想试穿衣物，也别忘了先跟店员打声招呼：“Puis-je l’essayer?”（我可以试穿吗？）离开时，记得跟店员说声：“Merci, au revoir!”（谢谢，再见！）

★精华线路满载而归

行程建议

地大物博的法国虽位于西欧，却与比、德、瑞、意、西等多国接壤，再加上跨越了海洋、地中海与大陆性三大气候带，使得境内文化、民俗、风情、环境、景点多彩多姿，因此想要“一网打尽”并不容易。本书特别针对各区特色，规划出一条全览线路以及四段精华行程，以符合不同族群的需求。

14 天全览线路

【适合族群】初游法国者的最佳选择

以巴黎为起点和终点，利用14天的时间拜访诺曼底、卢瓦尔河、罗讷河与阿尔卑斯、普罗旺斯与蔚蓝海岸等地区，参观名列世界遗产目录的修道院、城堡、罗马遗址，印象派艺术家最喜爱的南法小镇，以及华丽的滨海度假风情。

第一天 由北京出发

第二天 抵达巴黎

● 前往

凯旋门（见 P55）、
香榭丽舍大街（见 P56）、
协和广场（见 P59）、
埃菲尔铁塔（见 P51）、
搭乘塞纳河游船（见 P42）

第三天 参观巴黎

● 前往

卢浮宫（见 P60）、
杜伊勒里公园（见 P59）、
玛德兰大教堂（见 P61）、
加尼埃歌剧院（见 P60）、
逛老佛爷与春天百货公司（见 P61）

第四天 参观巴黎

● 前往

奥赛博物馆（见 P63）、
圣日耳曼教堂（见 P64）、
巴黎圣母院（见 P67）、

拉丁区（见P62）、
卢森堡公园（见P65）

第五天 巴黎观光

● 前往
蒙马特尔区（见P71）、
磊阿勒区（见P70）、
马莱区（见P69）

第六天 巴黎
↓ 2小时火车
雷恩
↓ 2小时巴士
圣米歇尔山
● 圣米歇尔山观光（见P112）

第七天 圣米歇尔山
↓ 2小时巴士
雷恩
↓ 2.5小时火车
图尔
● 图尔观光

第八天 图尔
● 卢瓦尔河城堡一日游
（见P149）

第九天 图尔
↓ 2.5小时火车
里昂
● 里昂观光（见P80）

第十天 里昂
↓ 6小时火车
阿维尼翁
● 阿维尼翁观光（见P86）

↓ 20分钟火车
阿尔勒 ● 阿尔勒观光（见P135）

第十一天 阿尔勒
↓ 2.5小时巴士
艾克斯
● 艾克斯观光（见P148）
↓ 30分钟火车
马赛
● 马赛观光（见P89）

第十二天 马赛

↓ 2小时火车
戛纳
● 戛纳观光（见P96）
↓ 1小时火车
摩纳哥
● 摩纳哥观光（见P98）

第十三天 摩纳哥
↓ 20分钟火车
尼斯
● 尼斯观光（见P92）
↓ 1.5小时飞机
巴黎
↓

第十四天 回国

7 天东部行程

【适合族群】重游法国或喜爱德式风情与雪景者

在这段法国东部行程中，可以参观融合德国建筑与威尼斯水都风貌的斯特拉斯堡与科尔马，品尝酸菜猪脚与阿尔萨斯白酒和香槟。接着前往勃艮第以芥末闻名的第戎，然后在罗讷河、阿尔卑斯地区拜访名列世界遗产目录的里昂，以及拥有勃朗峰等群山雪景的沙莫尼。

第一天 由北京出发
↓ 飞机（宿）

第二天 抵达巴黎
↓ 飞机 转机（宿）
斯特拉斯堡
● 斯特拉斯堡观光

第三天 斯特拉斯堡
↓ 火车 约0.5小时火车
科尔马
● 科尔马观光（见 P124）

↓ 火车 约3小时火车
第戎（宿）

第四天 ● 第戎观光
↓ 火车 约1小时40分钟火车
里昂（宿）
● 里昂观光（见 P80）

第五天 里昂
↓ 火车 约4小时火车
沙莫尼 ● 沙莫尼观光（见 P83）（宿）

第六天 沙莫尼
↓ 火车 约2.5小时火车
安锡 ● 安锡观光
↓ 火车 约2小时火车
里昂
↓ 飞机 约1小时飞机
巴黎
↓ 飞机（宿）

第七天 回国

7 天南部行程

【适合族群】喜爱历史小镇与滨海度假风情者

普罗旺斯与蔚蓝海岸一直深受各国游客的喜爱，在这段行程中，可以欣赏到法国第二大城、流传着“铁面人”故事的马赛，前往塞尚的故乡艾克斯，以及拥有罗马遗迹的阿尔勒和世界遗产的阿维尼翁，最后来到奢华的滨海度假区，感受明星级的悠闲度假氛围。

第一天 由北京出发
↓ 飞机（宿）

第二天 抵达巴黎
↓ 飞机 转机（宿）

第三天 马赛 ● 马赛观光（见 P89）
↓ 火车 0.5小时火车
艾克斯 ● 艾克斯观光（见 P148）
↓ 火车 2.5小时火车
阿尔勒（宿）

第四天 阿尔勒 ● 阿尔勒观光（见 P135）
↓ 火车 20分钟火车
阿维尼翁 ● 阿维尼翁观光（见 P86）
↓ 火车 约2.5小时火车
戛纳 ● 戛纳观光（见 P96）（宿）

第五天 戛纳
↓ 火车 1小时火车
埃兹 ● 埃兹观光（见 P142）
↓ 火车 10分钟火车
尼斯 ● 尼斯观光（见 P92）
↓ 火车 20分钟火车
摩纳哥（宿）

第六天 摩纳哥 ● 摩纳哥观光（见 P98）
↓ 火车 20分钟火车
尼斯
↓ 飞机 1.5小时飞机
巴黎

↓ 飞机（宿）

第七天 回国

7 天中部行程

【适合族群】喜爱古堡与葡萄酒者

位于中部的卢瓦尔河与大西洋沿岸地区，保存着最正统的法国文化。可前往波尔多附近，体验酒庄风情与品酒的乐趣。至于昔日宫廷所在的卢瓦尔河沿岸，林立着一座座宏伟精致的城堡，流传着王公贵族的传说与韵事，是体验帝国贵族风华的最佳场所。

第一天 由北京出发
↓ 飞机 宿

第二天 抵达巴黎
↓ 飞机 转机
波尔多 宿
● 波尔多观光（见 P166）

第三天 波尔多 宿
● 参加一日酒庄行程，前往圣埃米利永

第四天 波尔多
↓ 2小时40分钟火车
图尔 宿
● 图尔观光

第五天 图尔 宿
● 参加一日行程前往古堡参观

第六天 图尔
↓ 1.5小时火车
奥尔良 宿
● 奥尔良观光
↓ 约1小时10分钟火车
巴黎
↓ 飞机 宿

第七天 回国

7 天北部行程

【适合族群】喜爱原始海岸、海港风光者

从神秘的史前巨石群展开探访法国北部的行程，接着前往充满活力的港口城市圣马洛，品尝美味的海鲜。涨潮时犹如一座孤岛的圣米歇尔山是诺曼底的地标，也是游客前往法国必看的景点之一。莫奈画下了鲁昂圣母院各个时节的不同光线；亚眠名列世界遗产的大教堂，则见证了当地曾有过的繁荣。

第一天 由北京出发
↓ 飞机 宿

第二天 抵达巴黎
↓ 飞机 转机
坎贝尔雷
↓ 0.5小时巴士
卡纳克 宿

第三天 卡纳克 ● 巨石遗址观光（见 P158）
↓ 约2小时火车
雷恩
↓ 1小时火车

圣马洛 ● 圣马洛观光（见 P119）
↓ 1小时20分钟巴士
圣米歇尔山 宿

第四天 圣米歇尔山
● 圣米歇尔山观光（见 P112）
↓ 约3小时，先搭巴士后转火车
卡昂 宿

第五天 卡昂 ● 卡昂观光
↓ 约1小时40分钟火车
鲁昂
● 鲁昂观光（见 P116）

↓ 约1小时10分钟火车
亚眠 宿

第六天 亚眠
● 亚眠观光
↓ 1小时10分钟火车
巴黎
↓ 飞机 宿

第七天 回国

Part 2
法国初体验

First Impression

法国，一个光提到名字，便让人在脑海中产生无限想象的国家，有着万千动人的风貌：它可以是化身巴黎地标的埃菲尔铁塔、情人呢喃的露天咖啡座、名流流连的时尚之都、令人食指大动的美食、芬芳留韵的葡萄酒、印满蝉与花卉的缤纷花布、开满薰衣草的小镇……但是，来到法国，有7件美事你绝对不能错过！

必泡咖啡馆

从17世纪下半叶法国出现第一家咖啡馆开始，这个国家便从此展开了与咖啡馆密不可分的文化关系。启蒙时代的思想家们在此或辩论或奋笔疾书，最后甚至引发了法国大革命的火苗，当时的咖啡馆，可以说是充满浓浓的政治氛围。19世纪初，艺术家与文人作家几乎以咖啡馆为“办公室”，为了省电省钱，他们往往点用一两杯咖啡就坐上一整天；或是将这里当成交换意见与信息的集会场所，有着各自的地盘或座位，连带使得咖啡馆成了“某帮”的大本营，多了些浪漫不羁的活力。

然而，随着中产阶级的崛起，咖啡馆也进入了一般大众的生活，于是，法国各地特别是巴黎的街头巷尾，布满了这些几乎总是人潮川流不息的特殊空间。而今，尽管世界各地都能发现咖啡馆的踪影，法国的咖啡馆却是最不应错过的，原因就在于它们与当地文化纵横交织的历史命运——过去人们创造出的独特咖啡馆风景，如今成为游客无法抗拒的魅力。

必知 Info

咖啡馆的服务生

在法国，人们称服务生为“Garçon”，这些打着蝴蝶领结、穿着有口袋的背心、围了长度及鞋的白色围裙的工作者，每天在餐桌之间穿梭的距离，通常有10~20公里之远。每年，巴黎市政府都会和咖啡馆同业公会举办一场“咖啡馆服务人员赛跑比赛”，让这些“隐性长跑者”在巴黎的街道中一较高下。

摄影/陈多明

1 波蔻咖啡馆 Le Procope

欧洲第一家城市风格的咖啡馆

深蓝色的外观赋予这间开业于1686年的咖啡馆沉稳的气质，它是巴黎最古老的餐厅，据说也是世界上第一家咖啡馆。顾客族群除了政客、学者之外，因为法兰西剧院的创立，也有许多演员经常流连于此。橱窗和室内的一幅幅名人画像，说明了此店辉煌的历史：伏尔泰与狄德罗在此撰写百科全书，卢梭与富兰克林也是常客，年轻时无力买单的拿破仑更曾留下了帽子作为抵押……想感受思潮涌现的启蒙时代氛围吗？来此点一套30欧元的“哲学家”（Les Philosophes）套餐，或许能够带来些帮助。

摄影/陈多明

DATA 地 13, Rue de l’ Ancienne Comédie , Paris 电 01 40 46 79 00 网 www.procope.com

摄影/陈多明

2 花神咖啡馆 Café de Flore

巴黎的文艺思想缩影

摄影/陈多明

创立于1887年的花神咖啡馆，简直就是一部法国人文思想与艺术史。首先在此开花的是超现实主义的诗人们，阿波里奈尔（Apollinaire）成了最具代表性的人物；德军占领时期，这里则成了西蒙尼·波伏娃、萨特取暖的地方；战后吟唱当时流行乐的朱丽特·格蕾科、20世纪60年代的阿兰·德隆、简·芳达和碧姬·芭铎，更让此地星光熠熠。1994年起，这里所创设的“花神文学奖”（Prix de Flore），不但名列法国最重要的文学奖项，更成为传承此咖啡馆的人文历史的象征。如今，这家位于圣日耳曼教堂对面转角的咖啡馆，依旧以它白底绿字商标的杯盘，提供给游客无限的想象。

DATA 地 172, Boulevard St-Germain, Paris 电 01 45 48 55 26 网 www.cafe-de-flore.com

摄影/谢明蓉

3 圆顶咖啡馆 La Coupole

巴黎的传统奢华基因

是餐厅、啤酒屋、舞厅，也是咖啡馆，曾是木头与煤炭仓库的“圆顶”，于1927年开始化身为毕加索、萨特、波兰斯基、海明威等名人聚集的场所，同时见证着“奢华年代”的巴黎人生活。艺术风格装饰的大厅，由32根出自多位艺术家之手的彩绘立柱支撑。咖啡馆中仍收藏着夏卡尔的作品。“印度咖喱羔羊肉”（curry d'agneau à l'indienne）是本店最著名的招牌菜，至于萨特与西蒙尼·波伏娃曾在此跳舞与消遣的地下室，如今不再响起Tango与Jazz音乐，而是跳Salsa与听电音的年轻人的地盘，不过奢华的装潢依旧得以使人感受当年的流金岁月。

摄影/陈多明

DATA 地102, Boulevard du Montparnasse - 75014 Paris 电 01 43 20 14 20 网 www.flobrasseries.com/coupoleparis

4 丁香园咖啡馆 La Closerie des Lilas

巴黎的前卫思潮的基地

19世纪末，身为前往枫丹白露的驿站，“丁香园”是第一家让蒙帕纳斯区闻名的咖啡馆，其名气来自拥挤的舞会。左拉带来了他的朋友塞尚、保罗·福特与列宁在露天咖啡座下棋，魏尔伦（Verlaine）和他的诗人朋友们聚会，达达主义者查拉（Tzara）与布洛东（Breton）起了争执，海明威写下了《旭日东升》……丁香园的名人逸事说也说不完，它成了艺术家、文人、思想家、政治人物最喜爱的地方。你可以在餐厅的红色皮质沙发上悠然享用餐厅的招牌菜，如芥末牛肾或鞑靼牛排，或者在轻快音乐与笑语中，轻松品尝鱼类料理，当然，也可以只在咖啡座或吧台来杯咖啡。

DATA 地 171, Boulevard du Montparnasse, Paris 电 01 40 51 34 50 网 www.closeriedeslilas.net/closerie.html

摄影/陈多明

5 凡·高咖啡馆 Le Café Van Gogh

印象派大师的闪耀星光

摄影/谢明蓉

一间咖啡馆因一幅画而闻名世界，艺术无远弗届的感染力，在凡·高咖啡馆得到最好的证实。2004年起，坐落于阿尔勒市政厅附近的“夜间咖啡馆”（Le Café de la Nuit）正式更名为“凡·高咖啡馆”。这处阿尔勒热门约会地点，著名的艳黄色外墙超过一世纪以来未曾改变，仿佛这幅名画《星空下的咖啡馆》挣脱了画框，活生生地呈现在众人面前。店内提供多样的乡土料理，但最受人欢迎的，还是在星光灿烂的夜晚，体验夜间喝杯咖啡的悠闲情趣。

摄影/谢明蓉

DATA 地11, Place du Forum , Arles 电04 90 96 44 56

6 双服务生咖啡馆 Les Deux Garçons

满载塞尚的点点回忆

如果说阿尔勒是凡·高的城市，那么也位于普罗旺斯的艾克斯便属于塞尚；同样的，在这里也有一间因他而闻名的咖啡馆。

双服务生咖啡馆位于艾克斯最美丽的林荫大道——米哈波大道（Cours Mirabeau）上，一旁是塞尚的故居与其父亲的帽子店，咖啡馆设立于一栋18世纪末建筑中，名称来自于1840年时买下这栋房屋的两位服务生。或许因为地利之便，塞尚常常在这里喝咖啡，而餐厅内的鹌鹑料理据说是他的最爱。除了塞尚之外，左拉、萨特、毕加索、女歌手皮雅芙（Piaf）、影星阿兰·德隆、近代法国作家兼导演科克托（Cocteau）都曾是这里的座上宾。也许是这样的背景，让这间咖啡馆从早到晚都座无虚席。

DATA 地Cours Mirabeau, Aix-En-Provence 电04 42 26 00 51 网www.les2garcons.com

必品醇酒

从祭拜酒神巴克斯（Bacchus）的供品、基督的圣血，到搭配美食的佐餐饮品……从新石器时代便已开始酿造的葡萄酒，成了法国最具代表性的象征之一，原因无他，只在于法国具备了决定葡萄酒好坏——葡萄品种、气候、土壤、湿度、果园管理以及酿造技术等六大因素的天时地利。

历史记载，早在公元前6世纪，马赛已从腓尼基人与克尔特人手中获得种植葡萄与酿酒的技术，然而，一直到公元前1世纪，因为罗马人的推广，才使得葡萄酒在法国南部的地中海沿岸盛行。

尽管地理环境与气候条件适合葡萄生长，但法国的葡萄酒历史并非一路顺遂：1世纪时，罗马人曾下令摧毁大部分高卢人的葡萄园以保护亚平宁半岛的酿酒业；15世纪时，勃艮第公爵禁止种植葡萄……甚至到了19世纪下半叶，恐怖的葡萄蚜虫害几乎席卷法国的葡萄园。不过，这个千年葡萄酒王国并未被打败，他们以法国葡萄枝嫁接美国葡萄根的方式获得了重生。如今，每年8月开始到来年3月间，法国从南到北各个产区轮番为采收葡萄而忙碌着。

必知 Info

何谓A.O.C.

在法国，无论是酒类还是农特产品，常可见印着“A.O.C.”的标签，它是“Appellation d'Origine Contrôlée”（法定命名产地管制）的缩写。因为每样物产会随各地的土壤、水质或独特的气候，孕育出不同的风味，因此经过“法国国家原产地协会”（I.N.A.O.）的鉴定后，会将这些产品冠上原产地名销售，保护该地域的特产，如此一来，无论生产者还是消费者都受到了保障。法国的葡萄酒由好到坏一共分为四级：A.O.C.、VDQS、Vin de Pays与Vin de Table，其中最高级的A.O.C.又分为特级（Grand Cru）、第一级（1er Cru）、村庄级（Village），每个等级还会冠上产地名。

法国的葡萄酒产区

法国由北到南主要可以分为香槟区（Champagne）、阿尔萨斯（Alsace）、卢瓦尔河谷地（Vallée de la Loire）、勃艮第（Bourgogne）、汝拉与萨瓦（Jura et Savoir）、罗讷河谷地（Vallée du Rhône）、波尔多（Bordeaux）、西南（Sud-Ouest）、朗格多克—鲁西永（Languedoc-Roussillon），以及普罗旺斯与科西嘉（Provence et Corse）共十大葡萄酒产区。各区葡萄酒特色不一，以下介绍的则是勃艮第、波尔多以及香槟产区等较具代表性的产地。

1 勃艮第

以单一葡萄品种取胜

酒性纤细、口感强烈与香气高贵，让这片从第戎开始向南延伸的葡萄产区赢得了“葡萄酒之王”的美誉。因为属于昼夜温差大、冬季酷寒夏季炎热的内陆气候，再加上地形复杂且土质多变，因此，此地即使出自同一产区的葡萄，也可能具有不同的风味。红、白酒皆有出产，最大的共同点在于均采用单一葡萄酿造，每年生产4亿瓶左右。位于最南端的博若莱（Beaujolais），每年11月时的新酒问世已成为葡萄酒界的全球盛事。

2 波尔多

调配出的顶级芬芳

位于法国西南方大西洋沿岸的波尔多，有着“葡萄酒女王”的称号，与三条河流交织而成、占地1000多平方公里的葡萄园中，合适的气候足以种植各类葡萄，因而得以混合各个品种，取得葡萄酒最佳的均衡口感表现。比起勃艮第，位于南方的波尔多气候较炎热，饱吸阳光的葡萄拥有较粗犷的口感，再加上发酵完全后才分装于橡木桶中，因此吸收了橡木桶的芬芳，口感也比较强烈，此区可冠上最顶级葡萄酒管制的品牌，占了全法国葡萄酒的1/4。

3 香槟区

葡萄酒美得冒泡

香槟，又称为“气泡葡萄酒”，不过这类的气泡酒可不都称为香槟，唯有法国香槟区出产的才能享有此名，这当然与此区申请了专利有关。虽然香槟区制造葡萄酒的历史悠久，不过一直要到17世纪时因为传教士唐·贝西侬（Dom Pérignon）发明了香槟酒，才使得它声名大噪。由于香槟不讲求年份，因此多以不同年份和品种的葡萄调配出一样的口味。

法国的葡萄酒种类

除了产区与葡萄品种之外，葡萄酒可以按照色泽、是否含二氧化碳、是否加以蒸馏分为白葡萄酒、红葡萄酒、粉红葡萄酒、香槟、白兰地。此外，葡萄酒含糖量的多寡，也让它有了干（sec）、半干（demi-sec）、半甜（demi-douce）以及甜（douce）四种口感，虽然葡萄酒的鉴赏标准多如牛毛，但最重要的基本原则在于：好的葡萄酒必定“酸而不涩、甜而不腻”。

1 红葡萄酒 Vin Rough

红葡萄酒的色泽来自于红色的葡萄皮，无论果肉颜色为白或红，只需混合带皮发酵即可，颜色多呈现紫红色或红宝石色。红葡萄酒一般属于较干的口感，适合搭配牛、羊等红肉或奶酪这类味道较重的食物，14℃~18℃的室温最适合饮用，饮用前1~2小时，宜先开瓶“醒酒”一番。

2 白葡萄酒 Vin Blanc

无论白葡萄或红葡萄，去皮之后，均可酿造白葡萄酒，其酒色带着很浅的绿色或黄色。口感分为甜与半甜两种，前者适饮于5℃~10℃，后者则在10℃~12℃饮用最为恰当，是海鲜或鱼类等清淡食物的最佳佐餐饮品，开酒前别忘了先放进冰箱冰镇一下。

3 玫瑰葡萄酒 Vin Rosé

色泽呈现玫瑰红或淡红色的葡萄酒，由红皮白肉的葡萄酿制而成，皮汁混合到色泽符合需求时即进行皮渣分离，然后再发酵。其适合饮用温度为10℃~12℃，因为介于红白酒之间，所以最适合搭配口味适中的食物。

4 香槟 Champagne / 气泡酒 Mousseux

18世纪开始成为法国王室宴会最爱的香槟，一直以来都带着极其矜贵的面貌。这种华丽的饮料在榨汁时就必须非常注意，不可以让任何一点皮混入汁中，以免污染了无色的汁液。另外，为了竭尽所能地留住每杯的上百万个气泡，在发酵尚未完成时就得封住瓶口，以免二氧化碳逃逸。而“二次发酵”与“转动瓶子”更是香槟过人的主因。饮用前别忘了先冰镇3个小时，因为香槟的瓶身比一般的葡萄酒瓶厚了两倍。

5 干邑白兰地 Cognac

在谈论葡萄酒时，人们常常忘了还有一种酒精浓度高达40%的烈酒——白兰地，这种蒸馏过的葡萄酒以法国干邑当地出产的最为顶级，它和香槟一样享有专利，因此，唯有此区特有石灰质土壤和温和气候下种出的葡萄酿造，才能名正言顺地挂上干邑这个字号。经过双重蒸馏的白葡萄原酒，称为“生命之水”，置于橡木桶内陈放后，散发独特的香味，是其他地区的白兰地无法复制的。

葡萄酒的品酒原则

虽然葡萄酒的学问高深，不是一般人短期之内可以学到门道的，不过，知道点皮毛，多少也能让喝酒这件事增添几分乐趣。想有模有样地品尝葡萄酒吗？以下四个步骤可以让你多点专业架势。

1 看酒

使用没有花纹与颜色的玻璃或水晶材质制成的杯子，可以正确判断葡萄酒的真实色彩与天然香气。一般来说，白葡萄酒越老，颜色会越深，红葡萄酒的情况则相反。

2 摇酒

倒入不超过酒杯容量一半的葡萄酒，让酒保持较大的表面积，摇晃时才能散发较多的香气。握住酒杯的高脚，以免体温传到酒中破坏了酒的特性，此时缓缓将杯中的酒摇醒，顺便看看葡萄酒于酒杯壁上流下的“泪脚”形状是否浑圆清楚。

3 闻酒

把鼻子伸进杯中深嗅一下酒味，看看这杯与空气作用后“氧化”的酒，散发出什么样的芬芳：酸、甜、浓、淡、新鲜、闭塞、刺激、强烈、浓郁或洋溢着果香？

4 品酒

进入真正的品酒过程，啜饮一口大约占口中空间15%~20%的酒，但先别急着喝下，让它在口中打滚，用口腔的每个部位感受它真实的味道，在感受它细微的口感差异之后才吞下，接着体验余韵是否宜人。好的葡萄酒会呈现极佳的滑顺感，不论是甜、酸度还是单宁都会达到平衡。

必知 Info

葡萄酒杯的选择

好的葡萄酒杯除了以玻璃或水晶制成之外，杯面应该抛光平滑才不会改变酒的色泽，此外必须具备杯脚，让拿酒杯之人的手温不会直接影响到酒。酒杯的上部呈现锥状，尽量保留葡萄酒的香气。一般来说，红酒杯大于白酒杯，因为味道较醇厚的红酒需要较大的面积散发香气，至于饮用温度通常较低的白酒，较小的杯子才能让它在升温前喝光。香槟则适合笛形的杯子，瘦长如郁金香的造型让它减少与空气的接触面积，保留了气泡挥发的可能性。

必尝美食

横跨寒带和温带，三面临海且内陆遍布高原和广大平原，让法国具有多重的先天优势，再加上与多国接邻，不同的风土民情融合，造就了琳琅满目的法国料理。除了松露、鹅肝、奶酪这些代表性美食之外，利用各区蔬果、海鲜、农畜等特产创造出的乡土料理，如布列塔尼沿海生蚝、诺曼底苹果塔、马赛鱼汤、勃艮第蜗牛、西南地区什锦沙锅……更是当地不能错过的美食。对于法国人来说，享受美食是与生俱来的天赋。为了满足对吃的要求和艺术，各餐厅主厨更是极尽所能，造就兼具传统与创新的特色料理，从前菜、主菜到甜点，再佐以适当的美酒，每个步骤都可说是艺术的展现。

特色地方菜

幅员辽阔的法国，由于所在地理位置与历史文化的影响，造就出丰富缤纷、洋溢地方色彩的美味料理。走访这些地区的同时，千万不能错过的菜色到底有哪些呢？

1 圣米歇尔蛋卷 L Omelette

潮汐的涨退，左右着游客参观圣米歇尔山的时间，于是这道快速的煎蛋料理成了解决之道。将蛋汁打制发泡后，倒入已经热好半咸奶油的长柄平底锅中，经过1~2分钟的煎烤，散发淡淡的奶油与蛋香，便完成了这道朴实却不平凡的料理。

2 阿尔萨斯腌酸菜 La Choucroute

盛产白酒的阿尔萨斯，以略带涩味的白酒烹调这道特殊料理：切碎的白菜于盐水中发酵，用小火煨上几个钟头，以刺柏种子熏香并洒上白酒。除了水煮马铃薯之外，通常搭配猪胸肉、香肠、肥肉与猪血肠，因为邻近德国的缘故，也有人搭配猪脚食用。

3 勃艮第蜗牛 Les Escargots de Bourgogne

在勃艮第当地有一种吃葡萄叶长大的野生蜗牛，因为肉质非常具有弹性，所以深受人们喜爱，因而诞生了这道“国菜”。将香芹、大蒜拌上油与醋制成的调味品塞满蜗牛壳内，加以焗烤之后，就完成了这道香气四溢的佳肴。

摄影/曹馥兰

4 海鲜与生蚝 Le Fruit de Mer et Les Huîtres

法国三面临海，因此在诺曼底、布列塔尼、大西洋海岸和地中海一带均盛产海鲜，除了高达三层的海鲜拼盘受人欢迎之外，具备特殊的甜味及海香的生蚝更是备受青睐。此外，加上自然养殖业盛行，使得原本只有9月到次年4月才可以吃到的美味生蚝，如今一年四季都可尝到，尤其是布列塔尼的贝隆（Belon）生蚝，由于产量稀少，备受饕客喜爱；而西海岸玛汉那（Marenne-Oleron）一带所生产的顶级凹壳生蚝，更是令人垂涎。

5 马赛鱼汤 La Bouillabaisse

许多蔚蓝海岸当地的乡土料理，大都与海鲜脱离不了干系，像是加入莴苣、西红柿、四季豆、黑橄榄、熟蛋以及鳀鱼的尼斯色拉（La Salade Niçoise）即为一例。不过，最有名的要数“马赛鱼汤”。这道汤原本只是当地的家常菜，如今却成为一道奢华的料理。将鲷、鲉、海鳗等岩鱼，加入洋葱、大蒜、橄榄油、西红柿与番红花等调味料，一同放进葡萄酒奶油汤汁中熬煮几小时，形成美味的“黄金汤”。食用时，别忘了在汤汁上撒上小块油煎面包。

6 油封鸭腿 Le Confit de Canard

鸭肉是法国西南部料理中不可或缺的食材，其中最著名的就是“油封鸭腿”。所谓的“油封”指的是以油脂将食材淹没，接着以低温的方式慢慢煮熟，制作过程既费时又耗工，不过外表保存完整的鸭腿入口即化，肉质软嫩异常。

7 什锦沙锅 Le Cassoulet

这道法国西南部的特色菜，或称为“扁豆焖肉”，各地做法略有不同，不过大多都是以白扁豆与香肠为基本食材，再加上羊肉、牛肉、猪肉或鸭肉一同长时间炖煮，因为添加猪或鹅的油脂，是一道相当容易感觉饱腹的地方菜。

面包 Pain

东方人以米饭为主食，法国人则以面包为主食，面包店开满了法国的街头巷尾。粗略估计，法国面包的总类超过40种，不过，其中最具代表性的当然是长棍面包（Baguette）和可颂（Croissant）。

摄影/陈多明

1 可颂 Croissant

外形像牛角的可颂面包，是法国人改良维也纳甜面包后的成果，采用标准法制作出面团，接着叠入含有60%~70%油脂的油酥面团。折叠的标准方法是折三折，并反复做三次。依形状不同，可分为新月形可颂（Croissant Ordinaire）和巴黎风可颂（Croissant Parisien）两种，后者的油脂含量更高，搭配热咖啡最显美味。

2 长棍面包 Baguette

长棍面包也就是我们一般所称的“法式面包”，以面粉、酵母和盐为基本材料，完全不加奶油的传统面包，是法国餐桌上最常见的主食，充满小麦的特性与原味，脆脆的外皮包裹着柔软有嚼劲的内部，无论蘸取酱汁或做成三明治都好吃。

摄影/陈多明

奶酪 Les Fromages

号称拥有超过500种奶酪的法国，素有“奶酪王国”的美誉，和葡萄酒一样，如果在餐桌上少了这样食物，可就称不上是地道的法国料理了。法国在1973年开始正式针对奶酪实施法定“命名产地管制法”，获得认证的奶酪在标签上都会有A.O.C.的标志，清楚标示产地、脂肪含量、原料乳等。法国北部的诺曼底与中部、阿尔卑斯山一带，盛产无数著名的奶酪，其中白霉奶酪卡蒙贝（Camembert）与布利（Brie）、硬质奶酪孔德（Comté）、蓝纹奶酪洛克福（Roquefort），以及洗浸奶酪埃普瓦斯（Epoisses）等，均为国际知名的种类。

甜点

露天咖啡座、香醇咖啡、浪漫悠闲的气氛，使这些元素更大放异彩的，非“甜点”莫属！滑顺甜蜜的蛋糕小点心，是愉悦心情的催化剂，地道的法式甜点，更是必须一尝的经典滋味。

1 波尔多卡娜蕾 La Canele de Bordeaux

外形呈现焦黑的巧克力色、吃起来有点像发糕的卡娜蕾，是来自波尔多地区的传统点心，以蛋、牛奶、奶油和砂糖为主要材料，再加入香草与朗姆酒，涂上昂贵的蜜蜡后，以300℃高温烘焙出外脆内软的滋味。这道点心源于16世纪波尔多的修道院，曾一度因为战争而消失，直到20世纪才又重新出现。

摄影/谢忠道

2 马卡洪 Le Macaron

马卡洪（Macaron）可以算是最具美食之都巴黎风格的法式甜点了。这种外观小巧圆胖、流传数百年的甜食，以杏仁粉和打发的蛋白为主要材料烘焙而成，内部可夹各种馅料，制作过程并不繁复，但是要做得成功美味却很不容易，因此常被视为糕点师傅展示厨艺的一大考验。饼面平滑松脆、内馅质感细密、香味浓郁，才能算是好吃的马卡洪。

必知Info

美食金字招牌——米其林

法国知名美食餐厅的认证有许多种，评断的标准都不一样，但是如果想要品尝真正的法国美食，一定要参考《米其林》（MICHELIN）这本以餐厅品质而非价格为推荐标准的美食指南。

米其林原是一家法国轮胎公司，1900年时，为服务消费者而出版第一本免费的法国旅游指南《Red Guide》，介绍1400处铁路及公路旁的旅馆、汽车维修点、火车站、零配件维修供货商等丰富内容，直到1920年，才以每本7法郎的价格在书店出售。1926年，《Red Guide》评选出46家杰出餐厅并授予一星（Very good Cooking）的评价；1931年，《Red Guide》评选才开始出现两星（Excellent Cooking）与最高荣耀三星（exceptional cuisine，worth the journey）的评鉴。

每年米其林都会派出具有餐饮鉴赏力的调查员，以匿名、独立、自费的方式，前往欧洲各地评选旅馆和餐厅。他们依据餐厅的食材、成分、准备食品的技术、味道搭配、烹饪创新性与一致性，以及物超所值的程度，分别给予“星数”评等，其中以“三颗星”为满分。另外，指南上的“房屋”与“刀叉”记号，则是对环境舒适性、服务态度等其他软、硬件设施给予评分。

★跻身潮流的奢华时尚

必知名牌

每年两次的巴黎时尚展，除了吸引全世界的目光之外，更引领了全球的流行风潮。法国，这个以圣罗兰（YSL）、香奈儿（Chanel）、路易·威登（LV）、爱马仕（Hermès）、戈蒂埃（Jean-Paul Gauttier）、迪奥（Dior）、卡地亚（Cartier）等高级服饰，创下每年高达314亿欧元营业额的时装王国，早在300多年前，便已顶着世界时尚之都的光环。只因爱美、讲究的太阳王路易十四，让穿着打扮几乎成为贵族最重要的活动消遣，日夜举行的奢华宴会，则是展示华服的最佳场合。于是，发型师、设计师、高级订制服装、时尚杂志……一些与时尚相关的新兴名词纷纷诞生，并以贵族圈为中心向外扩散，法国也逐渐被认为是西方世界流行和品位的最高权威。

1857年，第一家高级服饰店在巴黎成立，香奈儿、路易·威登、圣罗兰等名牌服饰随后崛起，相继扮演引领潮流的角色。随着时代的变迁，名牌也相对演变，这些经典品牌的精神，记录着法国的时尚潮流历史与穿衣哲学。20世纪初，香奈儿掀起服饰界的一场革命，女性开始穿起舒适、设计简单大方的休闲服，称为“贫乏美学”；20世纪20年代起，巴黎开始流行黑色服饰，同样出自香奈儿所引领的风潮。第二次世界大战后，迪奥发表了充分展现女性迷人曲线的新作，接着，圣罗兰的中性风格、戈蒂埃的个性和反叛，都是深入法国人心中最引以为傲的时尚精神所在。

必知 Info

法式简单优雅

尽管身处时尚之都，街头巷尾林立着精品店，巴黎人却很少打扮得花枝招展，反而以舒适简单为穿着原则，但却充满个人风格，原因无他，毕竟名牌设计与日常生活有着距离，然而这些从小耳濡目染的“欣赏家”，十分懂得利用丝巾、披肩、帽子、领带、围巾等配件，因而能充分突显属于自身的时尚调调。

摄影/陈多明

1 香奈儿 Chanel

传奇女士创新女性之美

享誉全球的香奈儿女士，从一位就读修女学校的小镇姑娘、咖啡厅歌手，摇身一变成为创造出风靡全世界的女性时装的设计师，一生充满传奇。1910年，香奈儿先在巴黎开设了一家女装帽子店，她精湛的手艺吸引了当时的社会名媛，接着，她进军“高级订制服装”，并于1914年以己为名，正式成立这个法国时尚界举足轻重的品牌。

喜欢休闲设计的她，放弃当时繁复的女装风格，1910年，她就为当时只穿裙子的女性推出了运动裤装，之后更进一步抛弃束缚，以男性宽松上衣的线条解放了女性，因而成为当时女性主义的启蒙源头。1971年香奈儿女士过世后，德国设计师Karl Lagerfeld继续领导这个充满优雅的时尚王国。双C标志、山茶花、斜纹软呢外套、菱格纹包，以及世界上第一瓶以设计师名字命名的香水Chanel No 5，都是香奈儿的经典代表。

摄影/陈多明

2 路易·威登 Louis Vuitton

话题不断的发烧品牌

自从1854年路易·威登在巴黎创立了第一家皮箱店开始，这位专为王公贵族打包旅行行李的工艺师，即展开了这个拥有150年历史的品牌传奇。卓越的技艺与独创的布料，让威登皮件“滴水不漏”的名声响遍欧洲。1892年，威登开始生产手提包；如今，威登不仅是旅行箱的专家，更跨足皮件、服饰、丝巾、高级文具等设计，并涉及帆船赛、汽车锦标赛以及各项文艺活动。

3 卡地亚 Cartier

唯美绝伦的首饰名家发烧品牌

因为帮英国皇室制作27顶皇冠而赢得“皇帝的珠宝商、珠宝商的皇帝”美誉的卡地亚，以专业的高级珠宝与钟表设计背景，150年来稳居法国精品的领导地位。创始人Louis-François Cartier继承了父亲与当时最负盛名的珠宝设计大师Picard精湛的珠宝制作技术，从此成为皇室的御用珠宝商。除了经典的三环戒之外，象征爱情坚贞的手环“锁”，因为各自配备一副特定的螺丝起子才能开启而成为永恒恋情的见证。首饰之外，全世界第一只兼具装饰及功能性的现代腕表也是出自卡地亚之手，该品牌于1880年成立了“钟表制作部”。

摄影/陈多明

4 Christian Lacroix
大玩色彩的现代设计师

摄影/陈多明

没有上百年的历史品牌基础，Christian Lacroix却在竞争激烈的法国时尚圈占有一席之地。身为第一位投身“高级订制服装”的当代设计师，1951年出生于法国南部的Lacroix，将他对于地中海、南欧、吉卜赛人、斗牛、歌剧等浓烈风格的认知，融进了设计之中。细腻的剪裁、精致的缝制、鲜艳的色彩与宫廷般的气质，是其最大的特色。除了高级订制服装外，他还推出了融合做工且质感精致的年轻路线BAZAR De CHRISTIAN LACROIX、休闲系列的Jeans De CHRISTIAN LACROIX，以及丝巾、领带、珠宝、太阳眼镜、香水等时尚精品。

摄影/陈多明

5 迪奥 Christian Dior
不受束缚的革新精神

这个创立于1947年的品牌，在同年举办的第一场时装发布会上，为第二次世界大战战后投下另一颗“炸弹”：模特儿身上精巧的肩线、突显的胸型、加垫的臀围与缩紧的腰线，强调出充满女性线条之美的“New Look”，大胆革新的设计饱受保守人士批评，却也为当时的时装界带来震撼。Christian Dior本身没有受过正式的服装设计教育，却培育出Pierre Cardin及Yves Saint Laurent等优秀的弟子，他所创造的线条剪裁一直影响至今。近年来将迪奥成功推向潮流时尚品牌的John Galliano，在向来高雅的迪奥服装中大胆加入牛仔与街头元素，为此品牌产生戏剧性的效果。除服装系列以外，迪奥的各种皮件也相当受欢迎，其中马鞍包、Street Chic、Hardcore等提包，都是女士钟爱的款式。

6 爱马仕 Hermès
令人为之疯狂的皮件经典

1837年，专精制造马具的Thierry Hermès在巴黎创立了一个马具工房，耗尽心血只为让马匹佩戴舒适项圈的他，终于在世纪皮革展中获得一级业务奖章，也奠定了他在马具方面的知名度，更使他成为拿破仑三世及俄国君主的供货商。

不过，汽车的发明，让这个马具名牌面临危机。第三代接班人Charles-Emile Hermès于是利用自家的传统技术推出皮件与“马鞍针步”行李箱，创造出爱马仕精神的崭新风格。1920年开始，爱马仕更积极拓展至手提袋与旅行袋等领域。如今，造价昂贵的Kelly包和Birkin包仍是最掳获女人心的经典之作。

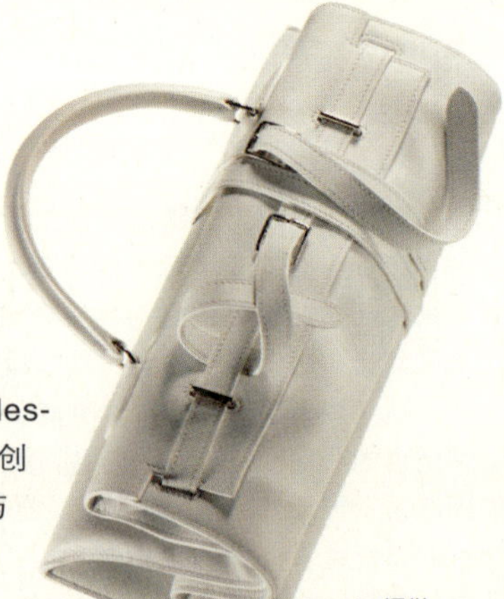
Hermès 提供

摄影/陈多明

7 圣罗兰 Yves Saint Laurent

强调品牌风格的执著

创造融合华丽与优雅之品牌魅力的圣罗兰（Saint Laurent），1936年出生于法属殖民地阿尔及利亚。尽管童年时已移居法国，在学校中却遭到歧视，于是这个利用课余时间画图设计衣服的孩子，早在17岁时便决定成为服装设计师。之后，他前往巴黎就读时尚学校，在时装比赛中获得当时《Vogue》老板的赏识，并将他介绍给Christian Dior担任助手。在Dior逝世后，成为品牌舵手的他，创造了不少经典之作。在与迪奥集团分道扬镳后，他于1962年创立了自己的品牌。圣罗兰擅长运用鲜艳色彩搭配，认为品牌风格更甚服装价值且永不可变。20世纪90年代后偏向极简风格，并请来Tom Ford，将“左岸”（Rive Gauche）系列推向高峰。

8 戈蒂埃 Jean-Paul Gautier

打破传统局限的顽童

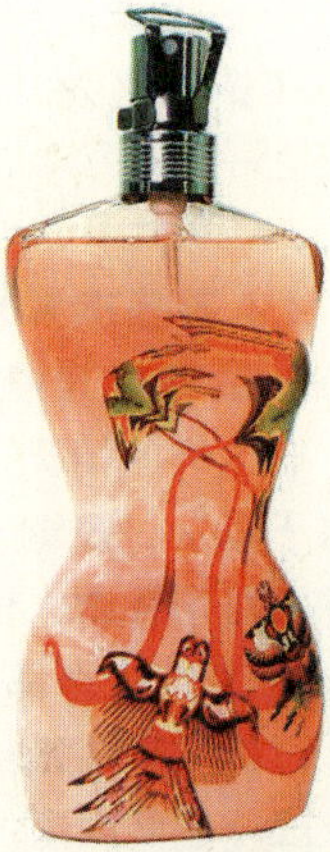

让男人穿上裙子、女人内衣外穿，是戈蒂埃的惊人之作，这位向来以怪诞不羁的风格著称的时尚圈坏小子，早在15岁时便展露出过人的设计天分，创造出一款有书包袋的外套。当过Pierre Cardin及Jean Patou的助理，戈蒂埃最拿手的是将男、女的服装符号打乱后混搭，同时将高级时尚与街头流行结合为一，于是前卫、古典、民俗、奇异、高贵、破烂……全出现在他的作品中。20世纪70年代时戈蒂埃深受女性与同志运动的影响，1990年他让麦当娜内衣外穿，16年后麦当娜再开演唱会，他以马术师的造型让她再成话题；而薄如丝袜般贴身的“文身衣”和吕克·贝松电影《第五元素》中的未来造型，也都是戈蒂埃的代表作。至于精品配件中，出自他手的人体造型香水更是无人不晓。

9 Agnès b.

重视人文精神的品牌

担任过《ELLE》杂志主编的Agnès，出生于巴黎近郊的凡尔赛地区，自1975年成立第一家时装店开始，这位喜欢哈雷与摇滚乐的设计师，便选择将她的宠物蜥蜴当成她运动品牌系列的标志。重视生活与人文，在自然中寻求灵感的Agnès，经常赞助艺术活动并发行CD，她以简洁的线条、单纯的色彩与天然的材质，为不盲从流行的时尚人士提供另一项选择。除了服饰之外，还推出美容用品、手表、旅行手提袋等系列，甚至拥有艺廊与电影制作公司，成为法国精品中具有丰富人文情怀且平易近人的品牌代表。

摄影/陈多明

摄影/陈多明

★在喧哗声中寻宝

必逛市集

无论大城小镇，市集永远是法国最热闹的地方，在这些充满活力的角落里，各式各样新鲜的蔬菜水果、肉类海鲜、奶酪熟食、旧书古董，甚至二手衣物……都渲染着当地日常生活的缤纷面貌，因此除了购物之外，逛市集也是窥探当地风情的最佳途径之一。

尤其某些市集的规模大到难以想象，琳琅满目的姿态，让穿梭其中的人几乎产生参加嘉年华会的错觉，在这样的情况下，就算你空手而回（虽然几率几乎等于零），视觉上也绝对有着极大的收获，就连那些平常总习惯跟人们保持礼貌性身体距离的法国人，来到了这里，也都不由分说地与他人摩肩接踵了起来。耳边传来摊贩热情的招呼声，五花八门的东西几乎让人眼睛对不了焦，内心因为等不及想知道会发现什么而激动，这就是法国市集的魅力！

1 蔬菜市场

早起的鸟儿有虫吃

蔬菜市场是法国最常见的市集，通常只在上午营业，不但可以选购最新鲜的蔬果，更是小镇居民彼此聊天、交换信息的最佳场所。在这里可以找到农家自制的各地特产，橄榄制品、苹果酒、蜂蜜、奶酪……各摊或许产品类似，但口味却是大不相同。小镇大多以市政厅前广场为蔬菜市场的聚集地，大城市则可能有多处地点，以巴黎为例，靠近巴士底广场的巴士底市场（Marché Bastille）规模最大，延伸于理查德·列努瓦大道（Bd. Richard Lenoir）。除了新鲜的食材之外，也有厨房用品、二手服装或花卉等摊位，有时也可以买到其他地方的特产。

2跳蚤市场

东翻西找抢便宜

如果想寻宝，跳蚤市场是最佳的探险地点，古董、二手服装、杂货、装饰品、首饰、家具、艺术品……都有可能出现在这里，至于买到什么货色或价格高低，就得看个人缘分与功力了。

跳蚤市场一般多在周日上午营业，如果想体验最具代表性者，就得走一趟巴黎北边的圣图安跳蚤市场（Marché aux Puces St-Ouen），其面积辽阔、商家之多，几乎可说是世界之冠，不过因名气较高，价格也较贵。事实上，圣图安由十二个各具特色的跳蚤市场组成，你可以在出售昂贵古董的毕弘市场（Marché Biron）拿到跳蚤市场指南。想体验昔日跳蚤市场气氛的人，则应该前往最古老的维尼逊市场（Marché Vernaison），那里有服装、灯饰、首饰等有趣收藏。

3特色市集

不同族群的朝圣地

除了蔬菜和跳蚤市场外，法国还有一些花市、鸟市、邮市、布市等特色市集，这些也都能在巴黎找到。玛德兰广场（Place Madeleine）以及斯德岛（Ile de la Cité）上的特纳广场（Place des Ternes），除周一公休外，每天均有花市，不过特纳广场周日则为鸟市。集邮爱好者会在周四、六、日前往玛西尼大道（Cour Marigny）上的邮票市集（Marché aux Timbres）走走，除了邮票外，这里也有贩卖旧明信片的摊贩。布店聚集的蒙马特尔，除周一外，在圣皮耶广场（Place St-Pierre）上贩售有各种价位与用途的布料市场。有时间不妨挑选几处造访，一窥法国丰富的市集风貌。

4圣诞节与圣诞市场

气氛满点的购物体验

圣诞节是法国人最重要的节日之一，为了好好庆祝这个节日，有的人甚至早在11月便开始准备。而为了吸引顾客或游客的眼光，大型商家更是无不使出浑身解数布置自家的橱窗，街道上往往因为张灯结彩而热闹不已，欣赏百货公司应景橱窗成了圣诞节期间的活动之一，其中最具代表性的就是巴黎的老佛爷与春天百货公司。为了满足过节前夕购物的需求，法国各地也有类似我们的年货大街的圣诞市集，其中最著名的就是位于阿尔萨斯的斯特拉斯堡。它是法国最古老的圣诞市集，1570年，受到斯特拉斯堡新教徒对抗“过度”的天主教传统影响而诞生，如今，每年11月中旬开始一直到来年1月，在当地市中心的广场与好几条街道上，都弥漫着热闹欢庆的气氛。

★收集法国各地的名物

必购特产

旅行时除了体验当地民情、欣赏当地风光之外，发掘各地特色名物也是一件赏心乐事！而这些地方特产，也是反映风土气候的指标所在，买来作为馈赠亲友的纪念品，更能突显此趟旅行的意义。

1 法国南部的橄榄制品

橄榄是法国南部的代表性植物之一，除了制成橄榄油之外，总是将市集摊位点缀得异常热闹的各色橄榄，有着农家自行腌制的多样口味，酸的、咸的、辣的，黑的、黄的、绿的……光是看就令人食指大动。同样美味可口的，还有一道地道的普罗旺斯开胃菜，就是在稍微烘烤过的面包上涂抹橄榄酱，新鲜的口感叫人回味。

2 佩里格的松露

摄影/谢忠道

和鹅肝酱同列法国顶级食材的松露，因为难以采用人工方式培植，故身价异常尊贵，其中又以素有“黑钻石”之称的黑松露更为罕见。黑松露的味道较重，带点泥土的腥味，一小块便足以成就一道佳肴，饕客常趋之若鹜。位于法国南部的小镇佩里格（Périgord），因为生产品质极佳的黑松露，几乎成为法国黑松露的代名词。

3 西南部的鹅肝酱

被誉为世界三大美食之一的鹅肝酱，同时也是法国美食的代表。其绵密细致的口感，虽然饲养方式备受争议，却依旧让美食家无法抗拒，就连法王路易十五也为它深深着迷。位于法国西南部的兰德地区（Landes）是鹅肝酱的主要产地。

4 诺曼底的佳蕾特奶油饼干

佳蕾特（Galette）有两种，一种指的是加了奶酪、火腿或香肠、海鲜等咸口味的可丽饼（咸薄饼），而在诺曼底，它还是一种奶油饼干的名称。这种以面粉、糖、奶油和蛋制成的饼干，味道非常香醇可口，圣米歇尔山以蛋卷闻名的“普拉妈妈”（La Mère Poulard）餐厅，也自制这种饼干贩售，除了原味外，还推出巧克力口味，非常受欢迎。

5 第戎的芥末

以去莱后的芥菜制成的第戎芥末，偏辣却没有日式芥末的呛劲，颜色上也呈现截然不同的黄褐色，因香味特殊，打败了法国其他三地的传统芥末酱，成为法国芥末的代名词。味道浓郁的第戎芥末，非常适合搭配各式红肉，也常成为法式料理中的酱汁汁底，调上蜂蜜后，更是炸鸡的最佳蘸酱。

6 普罗旺斯的印花产品

充足的阳光与丰富的大自然色彩，是许多画家迷恋普罗旺斯的原因之一，这样的特色，自然也成了当地最热闹的印花图案，纷纷成为杯垫、餐巾、桌布、碗盘、马克杯等餐具的点缀。其中出现频率最高的图案，要数蝉与薰衣草，至于蓝、黄两色则为最常见的色系。有的还结合当地的芳香植物，制成薰衣草芳香袋等人气商品。

7 布列塔尼的苹果酒

以纯苹果汁发酵而成的苹果酒（Cidre），是产量仅次于葡萄酒的世界第二大水果酒，其酿制历史在法国由来已久。早期农民将盛产的苹果装在桶子里酿制成酒，因其酒精含量不高，无论老少，几乎每日三餐饮用。布列塔尼因为日照时间短，在不适合种植葡萄的情况下，反而因这种以苹果酿造出的发泡酒而闻名。独特的果香和淡淡的甜味，加上低酒精成分，以及富含维生素，是苹果酒受欢迎的主要原因，搭配可丽饼或咸薄饼都非常适合。

8 格拉斯的香水

由于法王路易十四极度热爱香水，为了支持蓬勃发展的香水工业，法国南部便开始大量种植原料花种，而阿尔卑斯一带最适合花朵生长的格拉斯，虽然花材产量不大，品质却是最佳，优越的自然环境，加上16世纪时为了熏香羊皮手套而成为香精生产基地的工业背景，让它跃升为世界香水之都。如今，格拉斯仍是许多法国名牌香水制造商的原料供应地，它们以各自的配方生产自家品牌香水，所以来到这里，怎么能不为自己买瓶香水呢?

必知 Info

南法芳香特产专卖店——欧舒丹

1976年，Olivier Baussan以南法美丽的色彩、芳香与传统，创立了欧舒丹（L'OCCITANE），希望将薰衣草、马鞭草、天然乳油木和橄榄等普罗旺斯知名的纯天然产品原料，制成各类无害人体且改善健康的生活保养品，并立志将这片盛产多种香草的土地上的文化与气息发扬光大。如今，随着时光流逝，在世界各地拥有500多间商店的欧舒丹，已成为法国在海外最著名且最具南法特色的非时尚代表性品牌。

摄影 / 陈多明

★融入当地的炽热气氛

必玩节庆

喜欢穿着一身简单的色调，说起话来总是带点冷冷的味道，日子过得悠闲而不疾不徐，是许多外国人对法国人的印象。然而这么一个优雅的民族，也有他们可爱且热情奔放的一面。首先在2月中登场的，是蔚蓝海岸的嘉年华会，色彩缤纷的花车，让冬日冷清的沙滩逐渐热闹起来；接着在春天，阿尔勒春季斗牛节、戛纳国际电影节、摩纳哥F1（一级方程式）锦标赛……多元化的活动充满了勃勃生气；这样的气氛延续到了夏季，掀起高潮的阿维尼翁戏剧节让人气比天气还要炽热；入秋后的节日趋于平静，庆祝葡萄收成与新酒上市；至于冬天，则是品尝珍馐松露，与全家人欢度圣诞节的温馨时节。

1 尼斯嘉年华 Le Carnaval de Nice

尼斯嘉年华的由来，和中世纪时的天主教“封斋节”（Carême）传统有关，为了好好庆祝这段为期40天的禁食活动，除了先享用一顿丰盛且油腻的大餐之外，所有放纵的行为均获得许可，躲在面具之后的人们，因为伪装而为所欲为。尼斯的首次嘉年华狂欢出现于1294年，当时的普罗旺斯伯爵“安茹的查理”（Charles d’Anjou）指出：他在尼斯度过了“几日愉悦的嘉年华节庆”。一直到18世纪，嘉年华庆祝活动都以面具舞会和当地的法兰多拉舞蹈为特色。1830年，第一场为纪念Charles-Félix的游行为未来的嘉年华游行活动拉开序幕，不过，一直到1873年在市政府的举办下，才终于诞生了现代的尼斯嘉年华。

和里约热内卢那种24小时接力的嘉年华会不同，尼斯在两个星期间安排固定时间从事特定的活动，每天都有一或两场的游行，如果想在看台上观赏，则必须预订座位与门票。如今，尼斯嘉年华是一场艺术盛事，每年按照不同的主题，邀请建筑师、艺术家、设计师来规划设计，除了精彩的木偶游行与花车队伍之外，来自世界各地的舞蹈、杂耍、乐团，甚至路边为参与节庆而打扮得花枝招展的人们，也相当有看头。

2蒙顿柠檬节
La Fête du Citron de Menton

蒙顿柠檬节的由来，最初只是个单纯的传统嘉年华会，直到20世纪90年代开始，柑橘类水果才加入阵营。19世纪时，气候温暖的蔚蓝海岸是许多王公贵族与艺术家的避寒胜地，他们在此兴建了无数宫殿与豪宅。1895年，蒙顿的旅馆老板们建议市政府在冬天举办嘉年华游行以活跃城市的气氛，果然，在隔年举办的蒙顿嘉年华吸引了许多富有的避冬客。

蒙顿仿效尼斯嘉年华的精神，并加入自己的特色，例如于活动第二晚登场的“corso”（灯车游行），便是年轻男女相识相恋的最好机会。这是一项吹蜡烛的游戏，许多年轻男子都显得小心翼翼，他们在吹熄年轻女生手上的蜡烛的同时，必须让自己手上的蜡烛继续燃烧，至于赢得这项游戏的男子，可以点燃熄灭的烛芯，并赢得一个感谢的吻。

至于柠檬登上嘉年华舞台，是因为1929年时蒙顿仍属于欧洲大陆第一个生产柠檬的地方，于是一位旅馆老板提出了在“河畔旅馆”（l'Hôtel Riviera）的花园中展示鲜花与柑橘水果的想法，到了第二年，这项活动走上街头，变成载着柠檬与柑橘的灌木马车，而市政府为了发展充满地方特色的嘉年华活动，终于在1934年时明定柠檬节，从此成为每年都会举办的地方盛事。

摄影/曹馥兰

3阿维尼翁戏剧节
Le Festival d'Avignon

诞生于1947年的阿维尼翁戏剧节，是世界上最古老的戏剧节庆之一。据说，其起源是因为受邀前来表演的让·维拉（Jean Vilar）因为认为教皇宫的“荣誉中庭”（Cour d'Honneur）过于宽敞且不对称，而婉拒演出自己监制、在巴黎赢得满场喝彩的作品《大教堂谋杀案》（Murder in the Cathedral），并转以其他三出新戏取代。然而，这一举动让他成为了阿维尼翁戏剧节的创办人，因为从那时开始，阿维尼翁戏剧节就成了当代戏剧以及不知名作品的陈列柜。

每年7月，艺术节的主办单位都会与一位艺术家合作，以他的作品和视野增添节目灵感，展开为期3周的活动，受邀前来的世界各地的艺术家与表演团体更充分展现当代艺术的各种风貌，达到文化交流的目的。活动期间，阿维尼翁几乎是一座露天表演舞台，从50人的小教堂到2000人的荣誉中庭，轮番上演多达40场的表演。

4阿尔勒春季斗牛节
La Feria de Pôques

Office de Tourisme de Arles提供

虽然不及西班牙与葡萄牙的斗牛闻名，然而位于法国南部的阿尔勒，每年4月的复活节同样热闹地奏响了法国斗牛节的序曲，吸引着50万名游客前来一睹法国斗牛士的英姿。

在斗牛节开跑的一星期以前，当地历史悠久的竞技场中预先设立了“斗牛场”（L'espace Toro），开放供人们参观斗牛赛中的公牛，并展出不同形式的斗牛传统作为暖身。斗牛节期间，每天有两场比赛，斗牛表演按照公牛的年纪分为五个等级，真正的斗牛采用的是4~6岁的成牛。比赛过程由一位主席指挥，所有的表演者首先在喇叭声中列队而行，当他们离开牛栏之后，斗牛士得到一件斗牛披风，让人们可以一眼就认出他来。接着进入刺激的三段战斗过程，首先登场的是长矛手，这些骑马斗牛士以长矛测试公牛的勇气；投枪斗牛士则将三对投枪刺进牛颈，激怒这些公牛；最后才是真正的斗牛时刻，斗牛士必须在几分钟的时间内制服公牛，以剑将它刺死。

Office de Tourisme de Arles提供

庆祝活动同样在街头的小酒馆举行，当斗牛活动结束后，这些爱好者以几杯水果葡萄酒（sangrias）延续热闹的夜晚，乐师们则为竞技场四周以及城市的各个角落增添愉悦的气氛。

photos Inter Beaujolais copyright提供

5博若莱新酒节
La Fête de Beaujolais Nouveau

从8月开始到入秋，葡萄随着气候逐渐转凉，由南到北轮番收获，各地开始庆祝自己的葡萄丰收节。不过，在这些与葡萄或葡萄酒相关的节庆中，最著名的当然是每年11月的第3个周四博若莱新酒上市的那天，由于在世界各地同步推出，使得这天几乎成了国际品酒日。博若莱这块位于法国南方的小土地，其实并非绝佳的葡萄酒生产地，然而它却将这样的逆势反转，利用浸泡而非传统的酿酒技术，鼓吹不一定要喝陈年葡萄酒的口号，以当年制成的新酒丰富的果香和艳丽的紫红色泽，吸引大家来品尝这种低单宁酸的葡萄酒。经过36年的努力，博若莱成功打响了自己的名声，于是到了每年11月第3个周三的午夜，参加博若莱派对的人，早就迫不及待地想品尝最新鲜且越早喝越好的新酒了！

Alex P.提供

6 戛纳国际电影节
Festival de Cannes

1939年，法国国民教育与艺术部长（Ministère de l'Instruction Publique et des Beaux-Arts）Jean Zay建议在法国发起一项国际电影节活动，戛纳则因它温暖的阳光和迷人的环境获选为举办场地。然而，第一届电影节却因为战争的缘故而延期，直到1946年才正式展开，但因为由一个非营利组织举办，因此常因资金缺乏或政治因素而变动，直到1969年后才日趋稳定。1971年后，戛纳国际电影节逐渐成为备受国际媒体重视的年度电影盛会，如今每年超过4000名的新闻媒体从业人员代表1600家世界媒体前往参加。

在为期两周的时间内，电影作品分为“正式竞赛影片”与“参展影片”两类，正式竞赛的结果由两组分别审查长片与短片的委员，分别选出“金棕榈奖”、“审查员特别奖”、“最佳导演奖”、“最佳演技奖”等多项大奖，至于非竞赛影片的主要目的，则在于提拔新人或让优秀的非商业电影有机会公开映演。不过，这段时间最让游客兴奋的，大概就是有机会和屏幕上的大明星近距离接触，看他们是否与镜头中同样动人。

7 摩纳哥一级方程式赛车锦标赛
Formula 1 Le Grand Prix de Monaco

每年5月底到6月初时，天空湛蓝一如海水的摩纳哥，就会涌入数万名追求速度与刺激的爱好者，参加赛车界的年度盛事：一级方程式赛车活动。蒙纳哥汽车俱乐部诞生于1925年，其主委Anthony Noghés前往巴黎向当今的汽车国际协会（La Fédération Internationale de l Automobile）介绍自己的候选人资格却遭拒，原因在于没有任何比赛于摩纳哥领土上举行过。不过Noghés沉醉于这项疯狂的计划中，决定创立一项在此公国举办的比赛，在王子以及其他成员的帮助下，终于在1929年举办了第一届的摩纳哥赛车锦标赛。然而，之后比赛办办停停，一直到1955年，才真正成为一级方程式赛车中较重要的赛程之一。

在摩纳哥举办的赛事之所以出名，在于蒙特卡洛独特的地形，尤其身为一般道路的跑道在抵达大赌场（Le Casino）前既狭窄又弯曲，形成考验驾驶技术的发夹弯，只要稍不注意便有致命的危险，可说是一级方程式赛车中最长且最艰难的一段。此外，沿途经过美丽的地中海景观，更是它的特色之一。因此，无论是不是赛车爱好者，每年到了这个时候，来此的游客也多半希望能目睹这样惊险的画面。

Part 3

大巴黎地区

两千多年的岁月，让一座其貌不扬的小渔村，摇身一变成了世界上最浪漫的首都！巴黎，一个因塞纳河畔美景而让恋人流连、因时尚设计而让潮人崇拜、因华丽建筑而让游客心动、因美食而让饕客牵挂、因文化而让艺术家憧憬的城市，虽然历经两次世界大战的浩劫，却从未辜负拿破仑渴望将它建立成世界中心的期望。尽管拥有悠久的历史，巴黎却不曾停下脚步歇息，不断地扩张重生，持续反刍着新旧之间的差距，形成自己独特的面貌。

大巴黎地区
细说巴黎

历史上的巴黎

巴黎最早发源于斯德岛（Ile de la Cité），公元前55年罗马人占领这片居住着巴黎西人（Parisii）的土地时，它还只是一座贫穷的小渔村。克洛维一世建立了法兰克王朝之后定都于此，才带动了这座城市的繁荣，中世纪时的巴黎，因拥有跨越塞纳河的优越战略位置，逐渐成为政治与学术中心：1163年巴黎圣母院开始动工、1253年创建了欧洲最古老大学之一的索邦神学院（索邦大学）……不过，一场英法百年战争却让巴黎仿若置身地狱，撤退的英军几乎将这座城市烧成废墟，一直到法王路易十一登基才恢复昔日繁荣。而后，进入文艺复兴时期的巴黎，落成了许多优雅、富丽的建筑，其中又以卢浮宫和孚日广场最具代表性。

太阳王路易十四带领17世纪的法国迎向盛世，首都巴黎自然欣欣向荣，贵族豪宅、奢华剧院、宏伟广场……无一不述说着这座城市的蓬勃发展。然而，路易十六的无能，却让人民陷入贫困，因而引发攻占巴士底狱的法国大革命，也让这座城市再度混乱不堪。直到野心勃勃的拿破仑自行加冕为皇帝后，为了让巴黎成为全世界最美的城市，开始大刀阔斧兴建大型建筑。

今日巴黎

拿破仑三世夺权后，下令豪斯曼（Haussemann）男爵重建巴黎，赋予了它今日林荫大道延伸的面貌。豪斯曼花了17年的时间规划，将过去犹如贫民窟般狭小的巷道全数拆除，以棋盘状的道路勾勒出新的城市区域，更增建多座美丽的公园与下水道系统，也正因此，巴黎才有今日整齐且壮观的姿态。

20世纪初期，美好年代的巴黎开始出现造型优雅的锻铁建筑，到了20世纪20~30年代，已成为欧洲艺术之都的巴黎，也开始流行几何线条的前卫风格。20世纪70年代，蓬皮杜总统大声疾呼这个城市需要一个现代化的文化中心，蓬皮杜艺术中心因而诞生；密特朗总统除继续大卢浮宫计划、奥赛博物馆兴建之外，还增建了新凯旋门、科学和产业城、巴士底歌剧院等现代建筑。时至今日，巴黎的面貌依旧不断更新，新的区域、新的博物馆持续丰富着这座城市的魅力。

巴黎地铁 & RER全图

地铁 Metro

- 地铁1号线
- 地铁2号线
- 地铁3号线
- 地铁4号线
- 地铁5号线
- 地铁6号线
- 地铁7号线
- 地铁8号线
- 地铁9号线
- 地铁10号线
- 地铁11号线
- 地铁12号线
- 地铁13号线
- 地铁14号线

RER

- RER A 线
- RER B 线
- RER C 线
- RER D 线
- RER E 线

巴黎经典

★巴黎的千年历史剪影

塞纳河风光与桥梁风情

有人说塞纳河是巴黎的历史橱窗，沿着河畔走上一遭，这座露天大型舞台将以宫殿、古迹、教堂、博物馆……为你上演一出时代剧：河上的斯德岛，是这座城市的发源地，岛上的圣母院一带是中世纪巴黎的最佳写照；一旁的圣路易岛与马莱区沿岸，则弥漫着17世纪的气氛；顺着河水的流向前进，皇室家族在巴黎古监狱度过了最后一段日子，至于卢浮宫则说明了这个家族曾有的辉煌与奢华；18世纪的建筑精华呈现于协和广场上；大、小皇宫与夏乐宫，则分别见证了巴黎20世纪初期的博览会盛况。

除了两岸的历史古迹，桥梁也是塞纳河上最著名的特色之一，在它由东向西、贯穿巴黎中央而流的13公里水道上，横跨了多达37道的桥梁。这些从亨利四世时代开始建造的桥梁各具特色，石建、钢造、砖砌……以或古典或现代的造型记载着时代的变迁。新桥（Pont Neuf）是其中最古老的一座，12道拱形桥墩跨越了275米长的距离，它是巴黎首座上方未修筑任何房舍的桥梁，也是法国知名导演卡霍的电影《新桥恋人》的背景地。正对法兰西学院的艺术桥（Pont des Arts）费时两年才完工，它是巴黎首座以铸铁建造的步道桥，充满悠闲的气氛。

为庆祝法俄友谊而建的亚历山大三世桥（Pont des Alexandre III）是巴黎装饰得最美丽的一座桥梁，充满寓意的雕像呈现新艺术风格，长达6米的单拱造型，不但未遮蔽两旁的景观，反而成了欣赏塞纳河美景的最佳地点之一。用来测量水位的阿尔玛桥（Pont de l'Alma）右岸，有一个纪念法国第二次世界大战抗敌的自由火炬（Flamme de la Liberté），也因为英国黛安娜王妃丧命于一旁的地下车道，如今成了民众追忆这位薄命红颜的地点。连接埃菲尔铁塔与夏乐宫的耶拿桥（Pont d'Iéna）则是每年法国国庆施放烟火的地方。

夏乐宫 见P53

这座于1937年为世界博览会所建的优美建筑，现为人类博物馆、航海博物馆的所在地。

埃菲尔铁塔 见P51

每年吸引数以百万计的游客，来到这座巴黎地标，并竞相登上观景台欣赏巴黎美丽的市容。

大皇宫 见P57

外形富丽堂皇的大皇宫，目前是巴黎著名的国际性展览会场，只是欣赏华丽的建筑就已是赏心乐事。

协和广场 见P59

广场上的埃及方尖碑、八座雕像、喷水池，以及与香榭丽舍大街构成的壮阔景色，是许多人的巴黎印象之一。

卢浮宫 见P60

来到这座著名的艺术殿堂，除了欣赏馆内珍藏，入口处由建筑师贝聿铭设计的玻璃金字塔，以及卢浮宫本身建筑也不容错过。

柑橘园博物馆

这座收藏大量印象派画家作品的博物馆，是喜爱印象派画风的人不容错过的景点。博物馆经过近6年的整修，于2006年重新与游客见面。

巴黎圣母院 见P67

前往《钟楼怪人》的故事场景，要有与汹涌人潮一起排队进入这个世界重要景点的心理准备。

塞纳河简图

巴黎荣军院 见P52

雄伟优美的建筑外形，让人很难将它与医院联想在一起。巴黎荣军院的医疗部门现仍继续为法国军人服务。

奥赛博物馆 见P63

馆内收藏以印象派大师作品为主，除了丰富的展品，前身为火车站的建筑也值得细细欣赏。

乘船游塞纳河

游览船

Les Bateaux Mouches
电 01 42 25 96 10 地/乘船处 Pont de l' Alma, rive droit（阿尔玛桥下，河右岸） 网 www.bateaux-mouches.fr

Bateaux Parisiens
电 01 46 99 43 13 地/乘船处 Port de la Bourdonnais（埃菲尔铁塔下） 网 www.bateauxparisiens.com

水上巴士

Batobus
电 08 25 05 01 01 地 Port de la Bourdonnais（埃菲尔铁塔下）
乘船处 埃菲尔铁塔、香榭丽舍大街、奥赛博物馆、卢浮宫、圣日耳曼教堂、圣母院、巴黎市政厅、植物园
网 www.batobus.com

巴黎新貌

★前瞻新世纪的艺术殿堂

凯布朗利博物馆 Musée du Quai Branly

进入新的千禧年，不断以现代建筑带领法国进入未来面貌的巴黎，对于维护文化产业仍不遗余力，不但致力于扩建和整修各大美术馆与博物馆，如近年来重新开放的大皇宫（2005年9月）、小皇宫（2005年12月）、柑橘园博物馆（2006年5月），以及装饰艺术美术馆（Musée des Arts Décoratifs，2006年9月），更于2006年夏天推出了全新的博物馆——凯布朗利博物馆（Musée du Quai Branly）。

欧洲之外的艺术视野

位于巴黎第七区、紧邻塞纳河的凯布朗利博物馆，号称是法国21世纪的第一座博物馆，建筑师Jean Nouvel在这片占地25000平方米的土地上，以大片玻璃帷幕和各色造型植物，分隔不同的视觉景观。为了创造出一座收藏非洲、亚洲、大洋洲和美洲艺术品的空间，Jean Nouvel决定不采用西方的建筑特色，于是这个神秘且线条简单的建筑，以色彩缤纷的造型出现在巴黎地标——埃菲尔铁塔旁。除了接收非洲、大洋洲和人类博物馆中的几十万件收藏外，这座在总统希拉克任职以来即表示希望成立的博物馆，更自行购入8000多件作品。巧妙运用空间设计的它，是法国首都中的非西方世界文化堡垒，带领法国人甚至世界各地的游客，进入一个不容易深入接触的人类文明世界。

令人惊奇的前卫建筑

这一处继卢浮宫之后，在建筑上令人大为惊艳的文化场所，历经4年的筹划，于2001年10月开始动工，2006年6月23日正式对外开放。在此，3500件从30万件收藏品中精挑细选的艺术作品，通过影片的解说，使参观者产

摄影/谢忠道

摄影/谢忠道

生了更鲜明且具体的印象，在“大学”（Université）建筑中，可以看到8位最著名的澳洲原住民画家在天花板与建筑立面上写下的他们对世界的愿景。其他设施还包括可容纳500人的剧场，以及收集上万册书籍与杂志的媒体室（Médiathèque）。建筑本身也同样令人印象深刻，即使位于埃菲尔铁塔旁，这栋高5层楼的建筑也毫不逊色，外墙铺满面积广达800平方米的绿色植物，在它1.8万平方米的户外庭园中，将近8万种树木、小灌木和蕨类植物遍植于小径、池塘、小丘陵和铺石道路四周。除此之外，不要错过能够欣赏巴黎铁塔在眼前拔地而起之景的“凉荫餐厅”（Restaurant Les Ombres）。

DATA
电 01 56 61 70 00
地 37, Quai Branly - portail Debilly
网 www.quaibranly.fr

不可不知

巴黎铁塔餐厅——2007年由米其林三星主厨加持

身为巴黎的地标，并能尽览法国首都美景的埃菲尔铁塔，却没将它的超人气带给设于其中的餐厅。为了改变大家对它食物表现平平的印象，铁塔餐厅特别请来了法国名厨艾伦·杜卡斯（Alain Ducasse）担任主厨，希望在这位米其林三星主厨的带领下，能够让游人在铁塔鸟瞰巴黎美景的同时，也能品尝到法国著名的佳肴美馔。

这位拥有25年资历的世界名厨，事实上统治的是一个美食王国，其遍布世界各地的21家餐厅皆颇负盛名，包括摩纳哥的路易十五餐厅、巴黎雅典娜广场饭店中的餐厅、东京银座香奈儿顶楼的Beige餐厅……所有人都等待着这位倡导“在日常生活中好好用餐”（le bien manger au quotidien）的大厨，能为巴黎铁塔的餐厅带来耀眼的火花！

★感受漫步小镇的悠闲趣味

贝西区 Bercy

在巴黎的河右岸，也就是与国家图书馆隔着塞纳河相望的彼岸，有一片称之为“贝西码头”（Quai de Bercy）的地方，19世纪时，因为地理位置适合当时的船只停泊，于是成了葡萄酒批发商的聚集地，热闹了好多年。随着运输工具逐渐发达，陆上甚至空中交通取代了水运，使得贝西码头日渐没落，20世纪70年代，这里一度成为废弃的葡萄酒庄。然而，善于改建城市的巴黎人，将它纳入大巴黎开发计划中，于1994年时开始整理，拆去昔日运酒的铁轨、酿酒的酒樽，将保留下来的老酒仓和石板路重新规划成一片有着山形屋顶的新时髦商圈——圣埃米利永中庭（Cour St- Emillion）。

逛游品位生活小店

在这条笔直宽敞的步道两旁，坐落着外观朴素的砖造建筑，里面容纳着一间间充满特色的生活小店，包括洋溢着人文与艺术气息的Agnès b.、法国最大的连锁酒类专卖店Nicolas、提供沐浴和美肤产品的Sephora、地中海橄榄油专卖店Oliver & Co.、DIY产品专卖店Loisir et Création等，各式各样的商店可以满足你生活上的种种需求。累了，就到一旁的露天咖啡座、餐厅或葡萄酒吧喝杯饮料或吃点东西，稍作休息。

宛如置身山间湖畔

紧邻圣埃米利永中庭的贝西公园（Parc de Bercy），景色异常优美，所以面对这一侧的建筑，中庭立面全采用大片的玻璃。首先映入眼帘的是由两间白色房子组成的“湖屋”（Maison du Lac），在这片被称为“罗曼蒂克庭园”的区域里，散布着包围几座小岛的水道与池塘，浓密的树木下常可见成群结队的禽鸟戏水。接着出现的景观犹如一座迷你花园，葡萄园、玫瑰园、彩色花圃……围绕着一座窗口点缀花卉盆栽的园艺小屋。公园的最后一部分，是一片种满椴树的绿色草皮，上面散落着一张张适合阅读的座椅，靠近河边的堤道装饰着充满民族风情的可爱雕像，这里同时也是欣赏外形犹如四本摊开的书本般的国家图书馆的最佳位置。

摄影/谢忠道

摄影/谢忠道

★洋溢人文气息的城市绿洲

艺术拱廊 Viaduc des Arts

精致的手工艺一直是法国人最为骄傲的传统之一，然而随着时代的变迁，许多技艺面临着生存困境。为此，法国时尚界的重量级品牌纷纷买下许多手工艺坊，避免失传危机，毕竟这些细腻的做工，正是高级订制服装之所以傲视成衣的原因。其中最著名的要属香奈儿，在短短的几年间，此品牌一口气买下珠宝、羽饰、刺绣、制鞋、女帽等五家手工艺坊。

然而，想保护优良传统最直接也最佳的方式，就是让这些传统融入一般人的生活当中，借由日常的接触，让更多人认识其美好。位于多梅斯尼尔大道（Av. Daumesnil）上的艺术拱廊，正是这种认识的体现。一道红砖搭建成的拱桥长达1.5公里，原是昔日通往巴黎郊区的高架铁轨，如今上方种植了绿意盎然的树木和色彩缤纷的花卉，成了巴黎的空中花园“绿荫步道”（Promenade Plantée），不但可以散步，还能悠闲地骑脚踏车而不必与下方的车辆争道。步道下方则是一间间隐藏于60个拱门中的工坊，透过大片的玻璃可以看见一位位传统手工艺师，专注地进行手工娃娃缝制、小提琴修复、皇家铜镜制作、陶瓷彩绘、地图修复等工作，让路过的人都忍不住驻足观赏一番，已形成了有趣的城市景观。

摄影/谢忠道

摄影/谢忠道

★走进埃米莉的异想世界

圣马丁运河 Canal St. Martin

圣马丁运河全长4.5公里，位于巴黎的北面，兴建于19世纪，与更北边的乌尔克运河（Canal Ourcq）交汇于过去作为蓄水池的维莱特大水池（Bassin de la Villette），它是巴黎三条运河中唯一贯穿市区的一条，过去曾是无数商船往来的快捷便道，因此可在斯坦林克拉（Stalingrad）地铁站旁，看见过去曾是通行税征收处的维莱特城门（Barrière de la Villette）。

电影取景的热门场景

然而，随着交通的逐渐便利，如今最常在圣马丁运河上穿梭的，是满载游客好奇目光的观光船。尽管失去了重要的商业价值，但两旁设置步道且水面几乎与地面等高的它，如今却成为巴黎非常适合散步的地点之一，尤其高大浓密的梧桐，替水道旁的小公园遮阳成荫，形成一隅隅既舒适又隐秘的角落，难怪电影《埃米莉的异想世界》中活在自己世界中的怪怪美少女埃米莉，会喜欢在这里打水漂，因为遇上平日人烟稀少的午后，这里给人一种遗世独立的感觉。

除了环境舒适，圣马丁运河还有一处吸引人的地方——由于与塞纳河的主流水位有26米的落差，因此共设有9座水闸加以调整，每次闸门一开，便形成大水奔流的汹涌姿态。此外，为了方便船只通过，运河上还有一道道高起的天桥，景色优美并常成为电影中的背景地。

摄影/谢忠道

大巴黎地区

市区导览

很难用一句话概括巴黎的一切，
这个古典中蕴藏新潮的城市，自有一份独特的气质与律动！
除非亲身接触，否则很难体会其中新旧融合的巧妙。
值得庆幸的是，巴黎是一座适合散步的城市，
外观再不起眼的建筑，可能都有着一段了不起的历史；
再狭窄的巷弄，或许一次转弯，便有着截然不同的风貌。
所以，何不换上一双舒适的鞋，现在就——
准——备——上——路！

Paris Guide

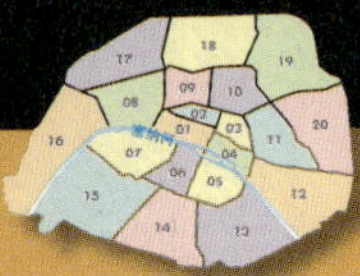

★紧扣法国历史的场所

Invalides et Chaillot

荣军院区与夏乐区

城市速写

隔着塞纳河对望的这两区，虽各自代表法国历史上不同的时期，却同样拥有辽阔的公园绿地、万国博览会的建筑，且容纳了无数气派的私人豪宅。位于河左岸的埃菲尔铁塔与荣军院区，象征着法国军队的荣光；与练兵场公园和军事学校连成一线的埃菲尔铁塔，摆脱了这片曾经的皇室操兵练将场地的严肃气氛，成为终日游客流连的热闹场所，只剩下荣军院中的军事博物馆与圆顶教堂，让人遥想法国历史上的军事功勋。

对岸的夏乐区，在19世纪被划入巴黎市区，从小村庄摇身一变成了高级地区。1937年因万国博览会而建的夏乐宫，以它优美的半弧形翼廊环抱着同期兴建的特罗卡德罗公园。如今，这里除了是欣赏埃菲尔铁塔的最佳位置外，也是最多主题博物馆聚集的地方，与附近的大使馆、企业总部与高级住宅相得益彰。

如何前往

●地铁

埃菲尔铁塔：搭乘RER郊区快线的C号线，于Champ-de-Mars-Tour-Eiffel车站下车。

荣军院：搭乘地铁8号线，于Varenne站下车。

夏乐宫：搭乘地铁6、9号线，于Trocadéro站下车。

Information

▲几乎在巴黎的每个角落都望得到的埃菲尔铁塔，走近倒像一座拱门。

荣军院区与夏乐区道路图

埃菲尔铁塔 Tour Eiffel

屹立不摇的“舞蹈皇后”

map P51 B2

很难想象，如今深受欢迎且身为巴黎地标的埃菲尔铁塔，曾经遭到守旧派人士的唾弃，而被戏谑为“丑陋的怪物”。这座高320米的铁塔，为1889年的万国博览会而建，以复杂的钢骨搭建，即使遇到强风，塔身依旧稳如泰山，左右摆幅最多12厘米。共分为三层，游客可以选择攀登360级与700级阶梯或是搭乘电梯，若要前往高达274米的顶层，则必须搭乘电梯。除了瞭望台外，位于第二层的铁塔餐厅提供美食以及眺望巴黎的极佳视野，当然，也可以只是喝杯咖啡，感受一下将巴黎踩在脚下的“云中牧女”“漂浮舞蹈皇后”。

◀埃菲尔铁塔的设计者——埃菲尔先生的头像。

DATA 地 Champ de Mars 电 01 44 11 23 23 时 1月1日至6月15日、9月3日至12月31日9:30~23:00，6月16日至9月2日9:00~24:00 网 www.tour-eiffel.fr

游 练兵场公园 Parc du Champ de Mars

与铁塔合影的绝佳位置

map P51 B3

位于埃菲尔铁塔下方的练兵场公园，曾是法国军队的训练场，卸下这个严肃的任务后，便用来作为热气球升空赏景、赛马、博览会、大型国家庆典活动的场地，向东南方延伸的它，一直通往法王路易十五在1751年为教育贫穷子弟而创立的军事学校。

DATA 地 位于埃菲尔铁塔东面

摄影/陈多明

DATA 地 129, Rue de Grenelle 电 01 44 42 38 77 时 10月1日至3月31日10:00~17:00、4月1日至9月30日10:00~18:00，每月第一个周一、1月1日、5月1日、11月1日、12月25日公休 网 www.invalides.org

赏 巴黎荣军院 Hôtel National des Invalides

法国军事的彪炳历史

map P51 D2

为了安置受伤或无家可归的退休军人，1670年法王路易十四下令兴建荣军院，它近200米的建筑立面，似乎永无止境地与塞纳河平行延伸。随着时代的演变，如今荣军院是一座结合军事主题博物馆与圆顶教堂的庞大建筑。

经过陈列着大炮的花园后，占据两座侧廊的，是展出从石器时代到第二次世界大战期间的法国军事史的军事博物馆（Musée de l'Armée）；中庭后方耸立着金碧辉煌的圆顶教堂（Dôme des Invalides），它是荣军院中的礼拜堂，也是为安葬路易十四棺木而增建的部分，历时27年才完工，不过，最后安葬于此的，却是拿破仑及其他军事将领。此外，圆顶教堂旁还有立体地图博物馆（Musée des Plans-Reliefs）以及复国勋位团博物馆（Musée de l'Ordre de la Libération），也都是了解法国军事史的好去处。

赏 罗丹博物馆 Musée Rodin

大师最后的故居工作室

map P51 D3

位于荣军院的东边，这座由美丽的18世纪建筑比隆宅邸（Hôtel Biron）改建而成的19世纪最伟大的艺术家的博物馆，按年代展出罗丹重要的艺术作品，除雕塑外还有素描草稿，其中包括最著名的《吻》（Le Baiser）。另外，在遍植玫瑰的花园里，摆放着这位大师的代表作：《沉思者》（Le Penseur）、《地狱门》（La Porte de l'Enfer）以及巴尔扎克像等。

DATA 地 79, Rue de Varenne 电 01 44 18 61 10 时 4月至9月周二至周日9:35~17:45，10月至3月周二至周日9:30~16:45 网 www.musee-rodin.fr

摄影/陈多明

摄影/陈多明

赏 夏乐宫 Palais de Chaillot

拥有美丽翼廊的复合展馆

map P51 A1

当年，拿破仑本来打算在这座小山丘上盖一座最特别也最大的皇宫，不过这样的梦想却在1937年时才由夏乐宫实现。美丽的半弧形翼廊是这栋建筑最大的特色，如今容纳着四间博物馆，分别是展出实际尺寸船只模型的海洋博物馆（Musée de la Marine）、介绍一系列人类演化过程的人类博物馆（Musée de l'Homme）、各时期建筑风格研究的法国古迹博物馆（Musée des Monuments Français），以及陈列着所有与老电影相关展品的电影博物馆（Musée du Cinéma Henri Langlois）。

原本同样位于东翼、拥有全世界最丰富电影收藏的法国电影图书馆（Cinémathèque Français）因遭到1997年的一场大火波及，目前已移至贝西路（Rue de Bercy）51号。

摄影/陈多明

DATA 地 17, Place du Trocadéro 网 航海博物馆www.musee-marine.fr；人类博物馆www.mnhn.fr/mnhn/bmh/；法国古迹博物馆www.monum.fr/visitez/decouvrir/fiche.dml?id=105&lang=fr；电影博物馆01 45 53 21 86；法国电影图书馆www.cinematheque.fr（各馆详细情形请登录网站或电话查询）

游 特罗卡德罗公园 Jardins du Trocadéro

拥有水舞表演的浪漫公园

map P51 A1-A2

这座占地10万平方米的公园，兴建于1937年的博览会之后，中央有一座向塞纳河延伸的大型喷泉，入夜后不但灯火通明且上演水舞秀，池边的空地则是直排轮或滑板爱好者出没的练习地。水池两旁还各有一片辽阔的绿地，散布着镀金铜像与石雕、小溪、小桥和步道，假日时常可见巴黎人全家大小同游。

DATA 地 Place du Trocadéro

★花都风情的代名词

Le Quartier des Champs-Elysées
香榭丽舍大街区

城市速写

以凯旋门为起点，12条宽敞的大道犹如星星的光芒，呈放射状的姿态向外延伸，勾勒出巴黎企图成为世界中心的宏大气势。这几条巴黎主要干道中，又以香榭丽舍大街最为有名，绿树成荫的街道旁林立着咖啡馆、餐厅、商店、电影院……终日流连着用餐、购物、约会、闲逛的人们。

不断向东边延伸的它，穿过了名牌聚集地蒙田大街，沿途高雅的玻璃橱窗中，展示着世界各地精品的最新潮流，除了老字号的高级品牌之外，许多新锐设计师也纷纷在此设店。1900年为万国博览会兴建的大、小皇宫，古典的外观充满艺术气息，美丽的圆顶成为它们的最大特色。逐渐在此画上句点的香榭丽舍大街，热闹的气氛转为静谧，让众人在沉淀心情后，准备进入另一个充满皇室昔日荣光的世界——杜伊勒里区。

如何前往

●地铁

搭乘1、2、6号地铁或A线RER火车，于Charles de Gaulle-Etoile车站下车。

※此区跨越面积广大，沿途还会经过George V、Franklin-D. Roosevelt、Champs-Elysées Clémenceau等站，游客可依情况选择较近的地铁站。

Information

▲不少人对香榭丽舍大街的印象，便是建立在Louis Vuitton的巴黎总店上。

香榭丽舍大街区道路图

凯旋门 L'Arc de Triomphe

赏

追念昔日光辉的纪念碑

map P55 A1

身为巴黎庆典游行起点的凯旋门，是拿破仑在战胜俄奥盟军的奥斯特利茨（Austerlitz）（今捷克的斯拉夫科夫）战役后，为表扬其战士的英勇功绩而建。尽管在1806年奠定基石，却因为拿破仑帝国的瓦解，直到路易 菲力浦统治期间，才于1836年完工。

这座高约50米、宽约45米的巨型拱门，设计师夏尔格兰（Chalgrin）在每一道建筑立面上，都装饰着象征不同战争与寓意的浮雕，面对香榭丽舍大街的那侧，由上往下、由左向右分别为法军出征与凯旋、拿破仑战胜土耳其的阿奇战役（Aboukir）与丧生于奥法战争中的马赫索（Marceau）将军丧礼，以及颂扬《维也纳合约》的1810年胜利与市民捍卫国家的1792年志愿军出征，至于奥斯特利茨战役则描绘于东北向的侧面立面上。另外，在凯旋门的正下方有一座无名战士墓，每到黄昏便会点上火把，追悼战死于第一次世界大战中的无名英雄。

DATA 地 Pl. Charles de Gaulle 电 01 55 37 73 77 时 瞭望台4月至9月10:00~23:00、10月至3月10:00~22:30

游 香榭丽舍大街 Avenue des ChampsElysées

最著名的林荫大道

map P55 A1-B1-B2-C3

这条巴黎甚至全法国最著名的街道，是1667年为了拓宽杜伊勒里公园的视野，在庭园大师勒诺特（Le Nôtre）的巧思下改造而成的，原本只是一条亨利四世为王妃兴建的散步道，却摇身一变成为设置有圆环、树木、喷泉等景观的林荫大道。

可别看它一直以来辉煌的历史和今日热闹美丽的模样，这条长2公里、宽100米的大道，在世界大战期间被当成军队的营地使用，足足花了两年的时间才让它恢复原貌。19世纪，香榭丽舍大街上开始进驻咖啡馆、餐厅、商店，成为上流社会的社交场所，如今增加酒吧、夜总会、主题餐厅、电影院等娱乐设施，成为游客最钟爱的地点之一。此外，这里也是环法自行车赛、国庆日游行、巴黎马拉松等大型活动的必经路线。

DATA 地 Avenue des Champs-Elysées

摄影 / 谢忠道

食 富格 Fouquet's

星光闪闪的老牌明星餐厅

map P55 B1

路易·富格于1899年在香榭丽舍大街上买下一家位于乔治五世大道（Avenue George V）转角的小咖啡馆，创立了这间名称反映当时英国潮流的餐厅。

第一次世界大战期间，这里是法军英雄的聚集地；到了20世纪30年代电影工业兴起时，演员、大导演与制片全挤在这儿洽谈签约事宜；50年代的新浪潮导演特吕弗和戈达尔等人更是曾经占据此地；1990年开始，该店与各项文艺、历史活动结合，至今仍是一家充满文化气息的餐厅。

DATA 地 99, Ave. des Champs-Elysées 电 01 47 23 50 00 网 www.lucienbarriere.com/localized/fr/rest/fouq/rest_index.asp

买 SEPHORA

美容产品的王国

map P55 B2

这家法国最知名的美容产品连锁店，除了提供各大品牌所有与美丽相关的产品之外，还自行生产沐浴、彩妆、香氛等产品，更于1997年加入全世界最大的精品集团——LVMH。尽管Sephora在法国各地拥有无数分店，然而还是位于香榭丽舍大街上的这家最具代表性，店内共有250个品牌、超过1.6万件的商品，对于没有特定品牌目标的顾客来说，是一处选择多样的地方。此外，也提供礼物包装服务。

摄影 / 陈多明

DATA 地 70-72, Avenue des Champs-Elysées 电 01 53 93 22 50 时 10:00~24:00，周五与周六营业至凌晨1点 网 www.sephora.fr

Lido提供

享 丽都夜总会 Lido
纸醉金迷的夜巴黎
map P55 B1

1946年，意大利裔的约瑟夫和路易·克莱里哥（Clerico）兄弟买下丽都，以灵感来自威尼斯的美好年代风格重新装潢，并以一出名为《无缘无故》（Sans Rimes ni Raisons）的歌舞剧，让这家夜总会转型为一处展示奢华的娱乐场所。如今，以传奇蓝铃女郎为号召的丽都，以23道布景、600套服装、无数的羽毛和亮片、炫目的灯光，交织出一场视觉上令人叹为观止的华丽歌舞秀。目前上演的《幸福》（Bonheur），是丽都演出至今的第26个戏码，内容为描述一个女子寻找幸福的旅程。

DATA 地 116, bis Avenue des Champs-Elysées 电 01 40 76 56 10 时 晚餐 + 秀19:30入场，秀21:30与23:30两场 网 www.lido.fr

游 蒙田大街 Avenue Montaigne
名牌爱好者的朝圣地
map P55 B2

曾经因为花园玻璃温室与舞厅闻名的蒙田大街，如今成了众名牌的兵家必争之地，Christin Dior、Christin Lacroix、Celine、Escada、Dolce & Gabbana、Valention、Nina Ricci……几乎所有来自世界各地的精品都能在这里找到，使得这个过去是民众欣赏新乐器——萨克斯吹奏表演的地方，成为巴黎最时髦的区域之一。

摄影 / 曹馥兰

就算没有多余的预算购买名牌，也别忘了逛逛这条美丽的街道，欣赏精心布置的优雅橱窗。

DATA 地 Avenue Montaigne

赏 大皇宫 Grand Palais
艺术与科学的华美殿堂
map P55 C2

美丽的玻璃屋顶和铁制桁架，勾勒出这座混合新艺术风格的繁复建筑，分别装饰着巨型马车铜像的四角，更衬托出它的宏伟与壮丽。大皇宫原是为了1900年的第五届万国博览会而建，如今成为一处展览场，共分为三个部分：大皇宫国家画廊（Galeries Nationales du Grand Palais）定期展出特殊主题画展；发现宫（Palais de la Découverte）从1937年开始成为科学发明博物馆；至于中殿则成为经常举办文艺活动的餐厅。

DATA 地 大皇宫国家画廊3, Avenue du Général Eisenhower，发现宫Avenue Franklin D. Roosevelt，餐厅Avenue Winston Churchill 电 大皇宫国家画廊01 44 13 17 17，发现宫01 56 43 20 21 时 大皇宫国家画廊周三~周一10:00~20:00，发现宫周二~周六9:30~18:00、周日与假日10:00~19:00 网 www.grandpalais.fr

摄影 / 陈多明

赏 小皇宫博物馆 Musée du Petit Palais
精致华美的视觉飨宴
map P55 C3

和大皇宫同期建造的小皇宫，在第五届的万国博览会中主要陈列法国的美术作品，如今也继续着这样的传统，成为一座小型的巴黎市美术馆。同样有着巨大门廊和圆顶的它，风格类似大皇宫，分为收藏中世纪与文艺复兴时期艺术品的Dutuit部、收藏18世纪家具与装饰品的Tuck部，以及巴黎市政府收藏的莫奈、德拉克洛瓦、安哥尔与库尔贝等19世纪艺术家作品展示。

DATA 地 Avenue Winston Churchill 电 01 53 43 40 00 时 周二至周日10:00~18:00，假日公休，周二延长开放时间至20:00

摄影 / 陈多明

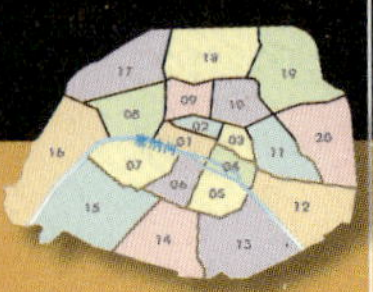

★最富皇家气息的购物区

Les Quartiers des Tuileries et de l'Opéra
杜伊勒里公园与歌剧院区

城市速写

街接香榭丽舍大街末端的协和广场，以高耸的方尖碑划破此区低矮的天际线，紧接着登场的杜伊勒里公园，仿佛是进入昔日法国皇家的气派大门，两座优雅的美术馆隔着花园西面入口遥遥相望。与杜伊勒里公园平行延伸的，是两条以华丽著称的购物街：希弗里路（Rue de Rivoli）上聚集着典雅的拱廊、奢华的饭店和高级精品店，而邻近圣奥诺雷路（Rue St-Honoré）的凡登广场，有着最美丽的18世纪建筑，灯光灿烂的橱窗中，展示着高贵的名牌珠宝。

名列世界上三大博物馆之一的卢浮宫，位于此区的最东边，它集要塞、宫殿、博物馆于一身，象征法国历史的光荣。位于杜伊勒里区上方的歌剧院区，保留最多豪斯曼男爵推动的都市改革风貌，宽敞的大道上林立着各式百货公司，美丽的购物拱廊更是本区特有的血拼风景。

如何前往

● 地铁

搭乘地铁1、8、12号线，于Concord站下车。

※此区跨越面积广大，沿途还会经过Tuileries、Palais Royal Musée du Louvre、Châtelet、Opéra、Chaussée d' Antin La Fayette、Madeleine等站，游客可依情况选择较近的地铁站。

Information

游 协和广场 Place de la Concorde

巴黎市中心最美的广场 map P58 A2

这座与凯旋门和卢浮宫连成一线的八角形广场，随历史发展而多次易名。落成于18世纪，当时用来展示国王雕像的它，被称为路易十五广场；法国大革命期间，美丽的广场成了刑场，辜负人民期望的路易十六与皇后玛莉·安托瓦内在此被推上断头台，1000多人的鲜血几乎洗染了这座革命广场；之后为了更改这样的意象，“协和广场”之名终于诞生。广场中央拥有3000多年历史的方尖碑于19世纪扩建时设立，两座喷泉诉说着海神与河神的故事，一旁的八座雕像则是以拟人的方式象征着法国的主要城市。

DATA 地 Place de la Concorde

摄影 / 陈多明

DATA 地 Jardin des Tuileries 电 国立网球场美术馆01 47 03 12 50；柑橘园博物馆01 44 77 80 07 时 国立网球场美术馆周二12:00-21:00、周三至周五12:00-19:00、周六和周日10:00-19:00、圣诞节与5月1日公休，柑橘园博物馆周三至周一12:30-19:00、周五延长开放时间至21:00、圣诞节与5月1日公休 网 国立网球场美术馆www.jeudepaume.org/，柑橘园博物馆www.musee-orangerie.fr/

游 杜伊勒里公园 Jardin des Tuileries

皇室血统的法式庭园 map P58 B3

呈长方形的杜伊勒里公园，出自于17世纪著名的宫廷庭园造景师勒诺特之手，原属于杜伊勒里皇宫的一部分，不过皇宫于1871年时被人民公社夷为平地。这座规划对称的法式庭园，以宽敞的步道分隔宽阔的花圃，园中设有由网球场变身而来，主要展出当代作品的国家网球场画廊（Galerie Nationale du Jeu de Paume），以及最近重新开放、收藏大量印象派作品的柑橘园博物馆（Musée de l'Orangerie）。

摄影 / 陈多明

享 丽兹酒店 Hôtel Ritz Paris

传承百年的经典风华 map P58 B2

位于珠光宝气的凡登广场（Place Vendôme）15号上，这间从20世纪20年代开始即成为身份地位象征的饭店，以它古老优雅的排场与传统，为来自世界各地的名流服务。温莎公爵、黛安娜王妃、埃尔顿·约翰……都曾是座上宾，尤其是香奈儿女士更曾以此为家，住了整整37个年头。在162间客房中，11间以丽兹贵客命名的套房最为抢手，其次则是55间豪华套房。

DATA 地 15, Place Vendôme 电 01 43 16 30 30 网 www.ritzparis.com

赏 卢浮宫 Musée du Louvre

穿梭千年的艺术历史

map P58 C3

在中古世纪时，由于维京人不断向南侵扰，菲力浦二世便在巴黎兴建了一座要塞；到了16世纪，因为建筑受损，法兰斯瓦一世以文艺复兴风格加以重建；法国大革命之后，这处收藏了无数皇室私人艺术品的地方，终于以美术馆的身份出现在世人面前，不过，一直到拿破仑远征带回数量庞大的艺术品后，卢浮宫才真正成为一座享誉全球的博物馆。

经过历代国王的扩建与整修，如今呈现“冂”形的卢浮宫主要分为三个展厅：位于中央的苏利厅（Aile Sully），左右对称的黎塞留厅（Aile Richlieu）和德农厅（Aile Denon）。所有作品分为三层楼展出，由于收藏非常丰富，因此不妨选择最感兴趣的部分开始参观。

DATA 地 Musée du Louvre 电 01 40 20 50 50 时 周三至周一90:00-18:00、假日及隔日公休、周二与周五延长开放时间至21:45 网 www.louvre.fr/llv/commun/home_flash.jsp

不可不知

摄影／陈多明

卢浮宫各楼层重要馆藏

卢浮宫各展览区中，最著名的作品包括：第一层部分，苏利厅中的《米洛岛的维纳斯》（La Vénus de Milo），黎塞留厅中的汉谟拉比法典，德农厅中的《濒死的奴隶》（Il Prigione - morente）。第二层部分集中卢浮宫的代表作，苏利厅中展出古埃及美术，黎塞留厅中呈现拿破仑昔日的卧室，德农厅中则有《胜利女神》（Les Grecs à la conquête du corps humain）、《蒙娜丽莎》（Mona Lisa）以及《拿破仑一世加冕典礼》（Couronnement de Napoléon）。第三层部分，苏利厅展出17~19世纪的法国绘画，如安哥尔的《土耳其浴场》（Bain Turc），黎塞留厅中则是欧洲其他国家的绘画，其中最著名的是《编织女》（La Dentellière）。

赏 加尼埃歌剧院 Opéra de Paris Garnier

帝政时期的富裕象征

map P58 B1

无数的廊柱、青铜雕像、繁复壁饰、精致大理石，构成了这座兴建于拿破仑三世时期的歌剧院，充满古典主义与巴洛克风格的豪华，历经15年才完工。著名小说《歌剧魅影》的作者，便是参观了剧院下方的小水池，而写下这部脍炙人口的作品，并在被改编为音乐剧后更广为人知。由红地毯、粉饰灰泥与金叶装饰而成的观众席富丽堂皇，对映着夏卡尔绘制的天棚，更显华丽气派。目前，这里只供芭蕾舞剧演出。

DATA 地 Place de l'Opéra 电 08 92 89 90 90 时 每天10:00~16:30 网 www.operadeparis.fr

赏 玛德兰大教堂
Église de la Madeleine

犹如希腊神殿的教堂 map P58 A2

摄影 / 陈多明

这座动工于1764年，却在80年后才决定作为教堂使用的建筑，为巴黎著名景点之一。52根科林斯柱，环绕着长20米的建筑外观，拥有各式各样的浮雕分别装饰着山形墙与铜门，前者以“最后的审判”为主题，后者则述说了圣经十诫的故事。入内后，美丽的大理石与镀金雕饰让气氛更显雍容，其中，《耶稣受洗像》和《圣母升天像》为最具代表性必览雕塑。

DATA 地 Place de la Madeleine 电 01 44 51 69 00 时 周一至周六9:00~19:00 网 www.eglise-lamadeleine.com/

买 Fauchon

让味蕾愉悦的食品店 map P58 A2

和玛德兰大教堂同时兴建的玛德兰广场上，不但有着文豪普鲁斯特的故居，更是高级食品店聚集的地方，Fauchon是其中名气最响亮的一间。原本只是个流动蔬菜摊，1886年时具有生意头脑的老板创立了他的第一家店面，如今这个百年老店成为法国精致美食的代名词，提供果酱、茶叶、饼干、糖果、香料、美酒，甚至熏香蜡烛、围裙、桌巾等相关产品。此外，还增设了提供餐点与下午茶的豪华沙龙，普鲁斯特最爱的玛德兰蛋糕也是本店的特产之一。

DATA 地 24-26-30, Place de la Madeleine 电 01 70 39 38 00 时 周一至周六9:00~21:00 网 www.fauchon.com

买 老佛爷与春天百货 Galeries Lafayette et Le Printemps

货色齐全的购物天堂 map P58 B1

巴黎最主要的两家百货公司——老佛爷与春天，都坐落在纪念豪斯曼男爵的豪斯曼大道（Boulevard Haussmann）上。创立于1893年的老佛爷百货公司，原本只是一家位于Chausée d'Antin以及豪斯曼大道转角的百货公司，然而优越的地理位置为它吸引无数人潮，使它在短短9年间买下邻近的四栋建筑，逐渐扩建为今日女装、男装、家居、美食超市共四座不同主题的百货公司。

紧邻的春天百货创立于1865年，风格大胆、创新，每周二都会举办服装秀。1923年时诞生了新艺术风格的玻璃圆顶，直径达20米、高16米，利用将近3200片玻璃，创造了春天百货另一项吸引人的特色。

DATA 老佛爷百货 地 40, Boulevard Haussmann 电 01 42 82 31 10 时 周一至周六9:30~19:30，周四延长开放时间至21:00 网 www.galerieslafayette.com 春天百货 地 64, Boulevard Haussmann 电 01 42 82 57 87 时 周一至周六9:35~19:00，周四延长开放时间至22:00 网 www.departmentstoreparis.printemps.com/

摄影 / 陈多明

摄影 / 陈多明

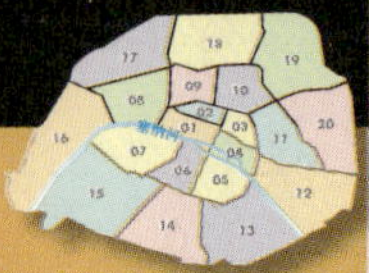

★满溢学院气息的风景

St-Germain-des-Prés、Les Quartiers de Latin et du Luxembourg
圣日耳曼地区、拉丁与卢森堡区

城市速写

从20世纪50年代起就是知识分子聚集区的圣日耳曼地区，和相邻的荣军院区有着截然不同的氛围，这里延伸着巴黎最著名的大学区——拉丁区，这个名称的由来，是因坐落于此，也是法国最古老的大学——索邦大学，在创立之初只能以拉丁文授课。

这里是自由思想的发源地，象征着学生的力量，洋溢年轻且充满朝气的气息。街道上书店、咖啡馆、电影院林立，穿梭其中让人有种重返学生时代的愉悦感。几家老字号咖啡馆依旧保留着存在主义思想家与作家们的历史余韵，重要的出版社仍坚守此地，而新增的精品店、设计师工作室，则让此区呈现更为丰富的面貌。位于圣日耳曼地区与拉丁区南方的卢森堡区，少了活泼却多了静谧，古老的巷道中曾流连著名作家的足迹，面积广阔的公园一年四季更迭着不同的美景。

如何前往

● 地铁

圣日耳曼地区：搭乘地铁4号线，于St-Germain-des-Prés站下车。

拉丁区：搭乘地铁10号线，于Cluny La Sorbonne站下车。

卢森堡区：搭乘RER郊区快线B线，于Luxembourg站下车。

摄影 / 陈多明

Information

摄影 / 陈多明

▲前身为火车站的奥赛博物馆，展览空间本身也是参观重点。

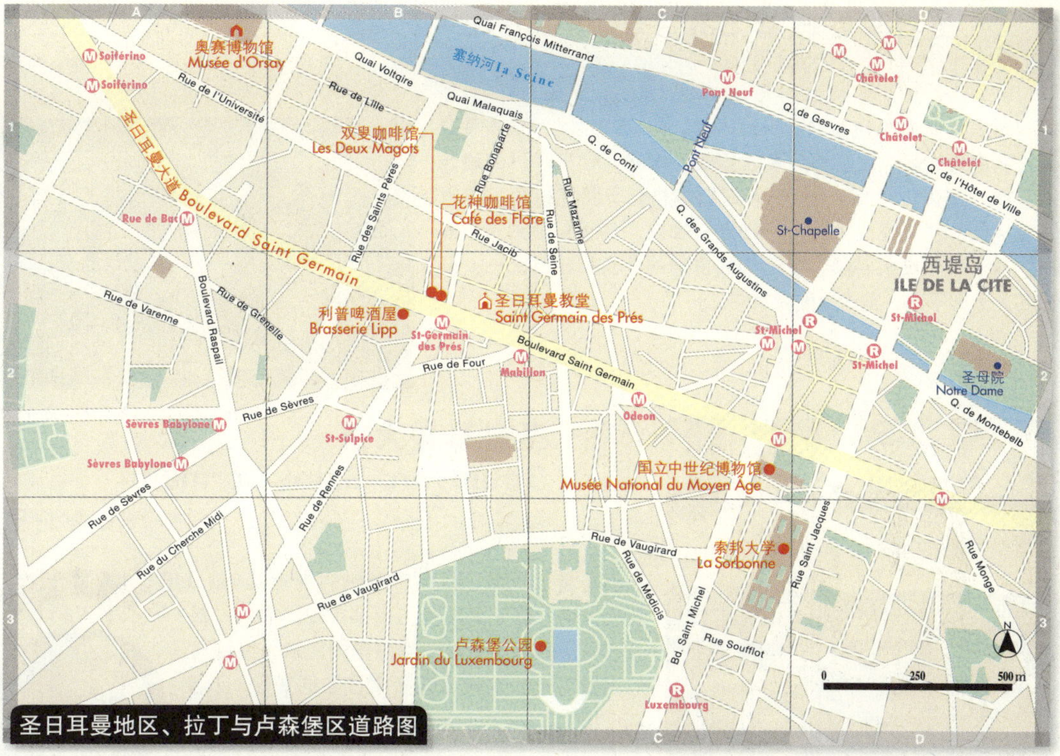

圣日耳曼地区、拉丁与卢森堡区道路图

赏 奥赛博物馆 Musée d'Orsay

火车站变身艺术杰作

map P63 A1

原为奥尔良铁路终点站的奥赛博物馆，因1900年的万国博览会而建，在闲置了近半个世纪之后，从车站变身博物馆，并接收来自卢浮宫与国家网球画廊中的许多艺术品，以1848~1914年间的画作为主。展出按年代分为三个楼层，第一层主要陈列19世纪中到末期的作品，第二层是新艺术风格的装饰艺术品和19世纪末到20世纪的绘画与雕塑，至于第三层则为印象派和新印象派的画作。

馆内重要收藏包括：雷诺阿的《煎饼磨坊》（Le Moulin de la Galette）、莫奈的《鲁昂大教堂》（Cathédrale de Rouen）、罗丹的《地狱门》（La Porte de l'Enfer）、德加的《整装舞者》（Grande DansHabilleuse ée）以及卡米耶的《成年》（L'âge mûr）等，此外还有摄影与家具等装饰艺术品。

DATA 地 62, Rue de Lille 电 01 40 49 48 14 时 周二至周日9:30~18:00、周四延长开放时间至21:45 网 www.musee-orsay.fr

摄影 / 陈多明

摄影 / 陈多明

赏 圣日耳曼教堂 Saint Germain des Prés

巴黎最古老的教堂之一

map P63 B2

历史可追溯到542年的圣日耳曼教堂，在8世纪时是本笃会最重要的修道院，之后历经多次损毁与修建，使得今日的建筑本身融合了多样风格：6世纪大理石廊柱、哥特式拱顶、仿罗马式拱门、罗马式柱头雕刻、18世纪雕像、19世纪壁画……其中，建于11世纪的钟楼，是法国最古老的同类型建筑之一。几位名人下葬于此，笛卡尔便是其中之一。

DATA 地3, Place St-Germain-des-Prés 电01 55 42 81 33 时每天8:00~19:00 网http://www.eglise-sgp.org/

摄影 / 陈多明

游 圣日耳曼大道 Boulevard Saint Germain

充满活力的优雅大道

map P63 A1-B2-C2-D2

跨越三个区，这条在塞纳河左岸延伸3公里长的大道，属于豪斯曼男爵都市规划中的一部分，美丽的街道旁林立着整齐的建筑，终日充满热闹的气息。大道上有多家著名的餐厅，双叟咖啡馆（Les Deux Magots）因为两尊中国古代人像木雕而得名，它和相邻的花神咖啡馆（Café de Flore）同为存在主义思想家的大本营，海明威也是这里的常客。对面的利普啤酒屋（Brasserie Lipp）也是圣日耳曼大道上的老字号餐厅，200多年前来自阿尔萨斯的创办人，带来了美味的啤酒和酸菜香肠。

DATA 网双叟咖啡馆www.lesdeuxmagots.fr；利普啤酒屋www.brasserie-lipp.fr（详细情形请登录网站查询）

买 塞纳河畔旧书报摊

巴黎独特的人文风景

map P63 B1

绿色的柜匣从奥赛博物馆的前方开始沿塞纳河向东面延伸，长达4公里的距离一直要到苏利桥（Pont de Sully）才结束，这些吸引人们驻足的旧书摊，贩卖着各式各样的老东西：旧书、旧杂志、小古董、早期版画、黑白巴黎明信片、硬币等，为了妥善利用空间，连摊位顶部都挂满了各色物品，令人眼花缭乱。不过这里却是搜集绝版印刷品的最佳地点，想看看法国印刷品一路发展历史的人，不妨到此逛逛。

DATA 地奥赛博物馆到苏利桥之间的塞纳河沿岸

赏 中世纪博物馆 Musée National du Moyen Age

探访中古欧洲的风貌

map P63 C2

摄影 / 陈多明

这座利用15世纪末为克吕尼教士修建的宅邸改建而成的博物馆，又称为克吕尼博物馆（Musée de Cluny），它是巴黎仅存的三栋中世纪建筑之一。馆中收藏了无数精致的中世纪珍品，特别是15~16世纪的织锦挂毯，其中以《圣母与独角兽》（La Dame à la Licorne）最为有名，其他还包括了金银器与象牙艺术品、哥特式雕刻、中世纪日常生活用具等。此外，博物馆中还有高卢罗马人的公共澡堂遗址，可以看出当时的澡堂已有冷、热水池的结构。

DATA 地 6, Place Paul Painlevé 电 01 53 73 78 16 时 周三至周一9:15~17:45，1月1日、5月1日和12月25日公休 网 www.musee-moyenage.fr

摄影 / 陈多明

DATA 地 1, Rue Victor Cousin 电 01 40 46 22 11 网 www.paris4.sorbonne.fr

赏 索邦大学 La Sorbonne

名声响亮的知识殿堂

map P63 C3

经过1968年大学改革后，古老的巴黎大学旗下的五座学院，如今共划分成13所巴黎大学，这些以数字区分的巴黎大学，其中还有四所挂着索邦的名称，而真正位于所谓索邦大学原校址上的，是文学院与科学院的第四大学（Paris IV）。1255年，索邦神父在路易九世的资助下买下这栋建筑，并创立了神学院。值得一提的是，这块自由思想的发源地，也多次成为学生重大示威游行的大本营。

游 卢森堡公园与卢森堡宫 Jardin et Palais de Luxembourg

闹区中的静谧天堂

map P63 B3-C3

拥有西蒙尼·波伏娃童年以及她和萨特散步回忆的卢森堡公园，虽然和拉丁区与圣日耳曼地区近在咫尺，却不见街市的喧嚣气息。位于北边的卢森堡宫，是公园内唯一的建筑，建立于1615~1627年间，在亨利四世过世后，厌倦凡尔赛宫生活的皇后玛丽·梅迪奇，下令建造一座以她出生地佛罗伦萨的小皇宫（Palazzo Pitti）为蓝图的宫殿，然而，设计师最后以典型的法式侧翼设计环绕中庭，使得卢森堡宫成为17世纪时最主要的法式传统建筑范例。法国大革命期间，这里成了王室居所，画家大卫曾被囚禁于此。如今，此处是法国上议院所在地，每月只对外开放一次。一旁的温室现在改为卢森堡博物馆（Musée du Luxembourg），举办不同主题的临时展览。

摄影 / 陈多明

DATA 地 卢森堡公园Boulevard St-Michel，卢森堡宫15, Rue de Vaugirard 网 卢森堡博物馆www.museeduluxembourg.fr（详细情形请登录网站查询）

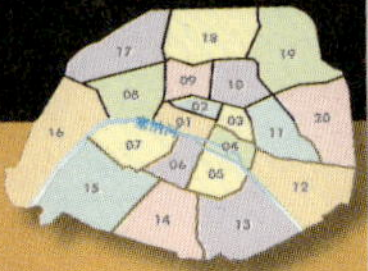

★巴黎昔日的政治中心

Ile de la Cité et Ile St-Louis
斯德岛与圣路易岛

城市速写

两座叶状的小岛，漂浮在塞纳河中央，身为巴黎发源地的斯德岛犹如一艘小舟，带领着圣路易岛潜入历史的洪流。

位于渡河的关键地段，战略性的位置让斯德岛一直以来都是巴黎的中心。公元前200年，巴黎西族的渔夫创立了古“鲁特西亚”，然而，蓬勃发展的它，很快跨越了河流的界线，继续往陆地延伸，终于扩展成今日的巴黎面貌。而这座巴黎的摇篮，仍保留了古罗马城堡、圣母院、圣礼拜堂等重要的古迹，圣母院广场地下小教堂便是巴黎现今保存最古老的建筑。

跨越圣路易桥即可抵达的圣路易岛，则充满恬静的气氛，14世纪时曾是牧场，但于17世纪改头换面，成为银行家、明星、政要等各界名人争相入住的优雅住宅区。

如何前往

● 地铁

搭乘4号地铁，于St-Michel或Cité车站下车。

斯德岛与圣路易岛道路图

赏 巴黎圣母院 Notre Dame

与巴黎历史息息相关的见证 map P66 B2

巴黎圣母院建立于一座罗马神庙上，路易七世统治时期，教皇亚历山大三世受当时巴黎主教的邀请，于1163年为它奠基，而后这座早期哥特式大教堂共历经170年的岁月才完工。尖顶、拱门、玫瑰窗、螺旋塔、彩绘玻璃……构成了这座长130米、成十字交错的圣殿。法国大革命时期，小偷与暴徒将这座举行皇室婚礼、国王加冕以及国葬的教堂洗劫一空，遭受到的破坏一直到19世纪时，才在建筑师维奥列特·勒杜克（Violet-le-Duc）的修复下，呈现今日的面貌。

广场前方的巴黎圣母院广场（Place du Parvis-Notre-Dame）也是豪斯曼男爵的都市计划之一，耸立着一座查理大帝的铜像。一枚嵌在圣母院入口前方的“原点”（point zéro），是巴黎里程的起点，其他地方到巴黎的距离都是以此点为准丈量的。另外，位于广场地下的小教堂保存着2000多年前的高卢罗马遗址。

DATA 地 6, Place du Parvis 电 01 42 34 56 10 时 7:45~18:45，弥撒与其他仪式期间不对外开放 网 www.cathedraledeparis.com

赏 法院 Palais de Justice

充满故事的历史现场 map P66 A2

出自德国工匠之手，诞生于14世纪的公共时钟，是法院最大的特色，也是巴黎最古老的时钟。面积宏伟的它曾是皇室的权力中心，直到法国大革命期间才成为法院。一旁的附属监狱（Conciergerie）唤醒了人们的恐怖记忆，这里是法国大革命期间所有要送上断头台的人等候处决的地方，被判死刑的人穿着白衬衫直接送往协和广场上的断头台。包围在法院城墙内的，还有一座13世纪的哥特式艺术杰作——圣礼拜堂（Sainte-Chapelle），大型的彩绘玻璃窗几乎占满每面墙壁，“荆棘冠冕”与“圣十字”是礼拜堂中收藏的拜占庭珍宝。

DATA 法院 地 34, Quai des Orfèvres 电 01 44 32 50 00 时 周一至周五 9:00~17:00 网 www.ca-paris.justice.fr 附属监狱 地 1, Quai de l'Horloge 电 01 53 73 78 50 时 夏季9:30~18:30，冬季10:00~17:00 圣礼拜堂 地 4, Boulevard du Palais 电 01 53 40 60 80 时 11月1日至2月29日9:00~17:00、3月1日至10月31日9:30~18:00、1月1日和5月1日以及12月25日公休 网 www.monum.fr/m_stchapelle/indexa.dml

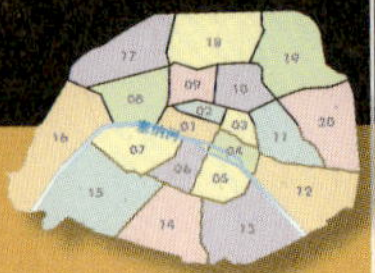

★现代的潮流艺术区

Le Marais、Beaubourg et Les Halles
马莱区、波布与磊阿勒区

城市速写

曾经是一片沼泽的马莱区，现在是巴黎最时髦的区域，介于协和广场与巴士底广场之间，早从“黑暗时代”起就是富人豪宅与贵族宅邸聚集处，然而法国大革命让它几乎成了废墟，直到19世纪起才有部分手工艺匠入住，使它成为艺廊、工作坊、咖啡馆、潮流商店聚集的地方，而蔷薇街（Rue des Rosiers）上的熏牛肉香味、犹太糕饼店与犹太会堂，让这条街充满异国风情。

至于热闹的波布与磊阿勒区，因有现代风格的大型购物商场和蓬皮杜中心，让它成为年轻人与游客的最爱。12世纪时创立的巴黎蔬菜中心——磊阿勒，到了20世纪中叶因已无法疏通拥挤的交通而被迫迁移，如今这里耸立着一栋多功能商业大楼，终日人潮汹涌。1977年正式启用的蓬皮杜中心，则以它奇特、具争议性的外形，吸引着现代艺术家进驻此区。

如何前往

● 地铁

马莱区：搭乘地铁5、8号线，于Bastille站下车。

波布与磊阿勒区：前往磊阿勒商场搭乘地铁4号线于Les Halles站下车，或搭乘RER郊区快线A、B、D线在Châtelet Les Halles下车。

蓬皮杜中心：搭乘地铁11号线于Rambuteau站下车。

Information

▲典雅迷人的孚日广场，由四周拱廊围出的中庭，常见孩童嬉戏的可爱画面。

马莱区、波布与磊阿勒区道路图

摄影 / 陈多明

DATA 地 Place des Vosges

游 孚日广场 Place des Vosges

马莱区最具代表性的广场

map P69 C2

路易十三的骑马雕像，俯视着这座每边各有九栋独立红砖房舍的广场。它曾是亨利四世为擅长剑术的贵族开辟的花园，后来成为皇室游乐场，落成那年为庆祝路易十三和奥地利公主的婚礼，在此举办了为期三天的比武大会。四周建筑更是大有来头，位于1号的库朗热宅邸（Hôtel de Coulange）是塞薇涅夫人（Madamde de Sévigné）的诞生地，而位于6号的是雨果故居，他在居住于此的16年间，写下了《悲惨世界》的主要部分，如今这里是他的纪念馆。

赏 毕加索博物馆 Musée Picasso

以作品抵税而诞生的博物馆

map P69 C1

原为盐税官员所建的萨莱公馆（Hôtel Salé），在1986年时改建为毕加索博物馆。这位一生创作丰富的大师，风格历经蓝色、粉红色、立体派、新古典主义、矫揉以及变形等时期，是少数在世便已成名且过着富裕生活的艺术家。在这位大师过世后，他的家人为了要抵缴遗产税，于是便用捐赠画作的方式代替。在这间分为三层的美术馆中，定期更换展览品，馆中著名的收藏包括《沙滩上奔跑的女人》（Deux Femme Courant sur la Plage）、《看书的女人》（Marie-Thérèse Walter）等，此外还展出雕塑与陶瓷。

DATA 地 5, Rue de Thorigny 电 01 42 71 25 21 时 4月1日至9月30日9:30~18:00，11月1日至3月31日9:30~17:30 网 www.musee-picasso.fr

摄影 / 陈多明

游 巴士底广场 Place de la Bastille

法国大革命的导火线 map P69 D2

法国历史上闻名的巴士底监狱，如今只剩巴士底大道上一小段砌石可供凭吊，标示着当时监狱护墙的所在。如今这片车水马龙且崭新热闹的区域，只能以广场中央纪念革命牺牲者的七月柱（Colonne de Juillet）为记号。金色的自由之神耸立于将近52米高的立柱上，眺望下方为纪念法国革命200周年而建的巴士底歌剧院（Opéra Bastille），这座造型现代且设备一流的歌剧院，是巴黎目前大小文艺活动最佳的表演舞台。

DATA 地 Place de la Bastille

赏 蓬皮杜中心 Centre Georges Pompidou

充满话题性的透视艺术中心 map P69 B1

被封以“彩色炼油厂”、“巴黎市中心的太空站”等奇怪名号的蓬皮杜中心，是巴黎博物馆中最大胆也最具争议性的设计，水管、电扶梯、钢架、通风管毫不遮掩地出现在众人眼前，或许是为了搭配野兽派、立体派、超现实派等现代作品的奇特风格，让设计师有了这样的灵感。这个被昵称为“波布”的艺术中心，得到蓬皮杜总统的大力支持，因而以他为名。

馆内一楼主要用来办活动与研讨会，二、三楼是图书馆与设计中心，位于四、五楼的国立现代美术馆（Musée National d'Art Moderne），收藏20世纪初至60年代的当代艺术作品，六楼则供短期展览使用。

DATA 地 Place Georges Pompidou 电 01 44 78 12 33 时 周三至周一11:00~22:00，5月1日休馆 网 www.centrepompidou.fr

买 磊阿勒商场 Forum des Halles

菜市场变身大商场 map P69 A1

曾经为了迁移果菜摊而引发激烈抗争的中央市场，如今是占地7万平方米的复合式商场——磊阿勒，共有五层楼，拥有将近200家商店，几乎可以在此买齐所有东西，除了化妆品专卖店、服饰店、礼品店、居家布置店、鞋店、内衣店、钟表店、珠宝店、运动用品店外，还有药妆店、美容院、相片冲洗站、电影院等，餐厅、咖啡馆与快餐店更是样样不缺，Fnac在此也有一个高三层楼的店面。

DATA 地 101, Porte Berger 电 01 44 76 96 56 时 周一至周六10:00~19:30 网 www.forumdeshalles.com

▲外观仿若前卫住宅的磊阿勒商场。

★放荡不羁的艺术故乡

Montmartre 蒙马特尔区

城市速写

曾经是艺术史上辉煌焦点的蒙马特尔，如今洗去画家劳特累克笔下糜烂的喧嚣景象，回归到略带点乡村气息的景象。19世纪末，许多天资独具却未成名的艺术家全挤在这座小山丘中，塞尚、德加、莫奈、凡·高……都曾在此生活、作画，连带使得酒店、剧场，甚至妓院蓬勃发展；这群率性而为的艺术界人士，让蒙马特尔充满前卫与矛盾的色彩。

20世纪初，蒙帕纳斯区取代本区的艺术先锋地位，使得这块市民眼中的堕落地区逐渐回归平淡，然而小丘广场中依旧洋溢着浓厚的艺术气息，至于山脚下的红磨坊，仍为前来的游客展现着昔日热闹的夜生活与康康舞的演出盛况。近年来，因为电影《埃米莉的异想世界》，让蒙马特尔再度独领风骚，透过这位怪怪美少女的眼睛，蒙马特尔增添了几分缤纷的色彩。

如何前往

- **地铁**

乘2号地铁于Anvers站下车，或12号线于Abbesses站下车。

- **缆车到圣心大教堂**

如果你不想劳累双脚爬上圣心大教堂，可以选择搭乘缆车，并可悠闲地俯瞰越来越小的巴黎市井。

摄影 / 陈多明

Information

蒙马特尔区道路图

赏 圣心大教堂 Sacré – Coeur

风景绝佳的拜占庭式教堂 map P71 C2

这座蒙马特尔丘上的洁白教堂，是普法战争期间两位爱国商人许愿法国获胜的献礼。献给耶稣的圣心大教堂，建于1785年，由当时的巴黎大主教主持计划，仿造罗马拜占庭式教堂建筑，历时近40年才完工。教堂内拥有多件宗教艺术珍宝，像是贝内特（Benet）的《耶稣像》、布鲁奈特（Brunet）的《抱着圣婴的圣母像》，以及圣坛上方圆顶的巨幅镶嵌画，莫森（Merson）以拜占庭的金碧辉煌风格，勾勒出耶稣四射的神光。

教堂正中央高80米的主要圆顶，是仅次于埃菲尔铁塔的巴黎制高点，由螺旋梯可以攀登向上，拥有极佳的视野，从高处的彩色玻璃窗廊还能欣赏到教堂内部的格局设计。如果你有惧高症，可以选择在圣心大教堂前方的广场欣赏风景，蒙马特尔丘居高临下的地理位置，足以让人饱览巴黎层层叠叠的都市景观。

DATA 地 35, Rue du Chevalier-de-la-Barre 电 01 53 41 89 00 时 教堂6:00~23:30，圆顶9:15~17:30 网 www.sacre-coeur-montmartre.com

游 小丘广场 Place du Tertre

热闹的露天艺术市集 map P71 B2

经常出现于毕加索等知名画家笔下的小丘广场，位于蒙马特尔丘的中心，同时也是巴黎的最高点。广场内聚集着无数素描画家在此现场创作或为游客作画，两旁的餐厅与咖啡馆让它的气氛更加沸腾，令人很难联想到这里原是修道院的绞刑台所在地。

DATA 地 Place du Tertre 时 教堂6:00~23:30，圆顶9:15~17:30

狡兔之家 Au Lapin Agile

20世纪初的文坛胜地

map P71 B1

蒙马特尔北面山丘的斜坡上，有一栋遮掩在浓密树荫之中的粉红色建筑，因为户外那幅1875年出自吉尔（André Gill）之手的招牌而得名。这间外形淳朴的酒馆，白天寂静无声，入夜后却热闹非凡，歌声、笑声与朗读诗歌的声音不绝于耳。从1910年开始，它就是知识分子与艺术家经常出没的地方，如今依旧保持了这样的气氛，带领游客进入法国的文艺世界。

DATA 地 22, Rue des Saules 电 01 46 06 85 87 时 周二至周日21:00~凌晨2:00，假日公休，周二延长开放时间至20:00 网 www.au-lapin-agile.com

摄影 / 陈多明

双磨坊咖啡馆 Café des Deux Moulins

蒙马特尔最炙手可热的新景点

map P71 A2

一间20世纪50年代已然存在的咖啡馆，本是当地居民用餐聊天的寻常角落，因为电影《埃米莉的异想世界》而一夕成名，成为埃迷的朝圣地。芥末色的天花板、昏黄的壁灯、不分性别的洗手间，这里就是埃米莉工作的地方。菜单多年不变，提供牛排、牛肝、温热的羊奶酪、汉堡等，结账时别忘了带走充满电影色调的火柴盒当做纪念。

DATA 地 15, Rue Lepic 电 01 42 54 90 50 时 周一至周五7:00~次日2:00，周六7:30~次日2:00，周日9:00~次日2:00

红磨坊 Moulin Rouge

历久不衰的康康舞表演

map P71 A3

或许因为蒙马特尔这样带点堕落却又文艺气息浓郁的独特历史背景，使得这个区域充满传奇性，因此，早在埃米莉发挥异想以前，来自澳洲的导演巴兹鲁曼便以“红磨坊”为主题，勾勒出19世纪末或许天天上演的穷酸文人和舞女之间的爱情故事。

红磨坊于1900年改为舞厅，曾是胜极一时的寻欢作乐场所，锋头甚至盖过了康康舞的真正发源地——蒙帕纳斯区的舞厅，画家劳特累克为它绘制的一系列海报更是经典。虽然一个世纪过去了，这个夜里亮起霓虹的红色磨坊招牌，依旧洋溢着往日情怀。

DATA 地 82, Boulevard de Clichy 电 01 53 09 82 82 时 晚餐加秀19:00入场，秀21:00与23:00两场 网 www.moulinrouge.fr

摄影 / 陈多明

大巴黎地区

近郊导览

大巴黎郊区示意图

时尚的、文艺的，历史的、崭新的，
浪漫的、宗教的，宏伟的、精致的……
这些都是世人对花都巴黎的印象。
然而，在这座缤纷城市的四周，
同样有着令人惊喜的风景，等待游人来探索。
金碧辉煌令人不忍眨眼的凡尔赛宫、
重温童年美好令人放声大笑的迪斯尼乐园，
还有，静谧辽阔、令人身心舒畅的大型近郊公园。
决定远离都市的喧嚣吗？
展开不同主题的半日旅行吧！

★太阳王的永恒礼赞

凡尔赛宫 Versailles

位于巴黎西南方42公里处的凡尔赛宫，以一道镀金的大门，分隔开了法国绝对权势的年代与施行民主政治的今日。很难想象这座富丽堂皇的皇宫，在1668年时只是一间皇室的狩猎别馆，不过，从后方占地100万平方米的庭园，不难看出曾经的皇室对于森林狩猎的喜好。

信手拈来皆杰作

兴建凡尔赛宫，是路易十四毕生最卓越的功绩之一，他不愿意拆除父亲最爱的狩猎别馆，因此请来设计师勒诺特以复合式建筑的方式扩建，1678年接手的设计师芒萨尔又增添了两道大翼廊与礼拜堂，长达50年的兴建过程才逐渐完成。路易十四于1682年搬入凡尔赛宫，这里不仅是皇宫，几乎可称为“皇城”，因为每天光在这里用餐的人就多达1万，于是原本只是一座小村庄的凡尔赛地区，在皇宫落成后已经成为一座每天无数马车往返巴黎的“新城”。

望不穿的动人之景

凡尔赛宫的主要建筑围绕耸立着路易十四雕像的中庭而建，参观重点包括：路易十四1715年驾崩时的卧室；以巴洛克壁画、金箔和大理石装饰的王室礼拜堂；素有“宝座厅”昵称的阿波罗厅；以远近假画方式让空间看起来更为宽敞的维纳斯厅；签订《凡尔赛和约》、镶满镜子且装饰水晶灯和黄金烛台的镜厅；以及皇后当众分娩诞生王储的王后卧室等。

至于户外的庭园，同样花了40年的时间，才形成这座以运河、喷泉、几何形花坛、树丛、雕像、瓮饰、柱廊、小皇宫等点缀而成的法式花园。采用海神与阿波罗等神话故事为主题，以十字形交叉延伸至大、小特里亚农宫的运河上，更举办过无数次泛舟宴会。隐身于花园僻静角落中的小特里亚农宫是路易十五的皇后玛莉·安托瓦内特的最爱，至于隔着一座小花园的大特里亚农宫，则是路易十四与情妇曼特侬夫人暂避他人干扰的约会处。

DATA

地 Versailles 电 01 30 83 77 88 时 11月1日至3月31日周二至周日9:00~17:30；4月1日至10月31日周二至周日9:00~18:30 交 搭乘RER郊区快线C线在Versailles-rive-gauche-château站下车，或是从蒙帕纳斯站（Gare Montparnasse）搭乘SNCF火车在Versailles-Chantiers站下车，也可以从圣拉扎尔火车站（Gare Saint-Lazare）搭乘SNCF火车在Versailles-rive-droite站下车 网 www.chateauversailles.fr

★挑战欢乐惊叫指数

巴黎迪斯尼乐园 Disneyland Resort Paris

占地600万平方米、位于法国东边32公里处的迪斯尼乐园，是法国罕见的大型主题乐园之一。开业于1992年，如今主要划分为两大区域：迪斯尼主题乐园（Parc Disneyland），以及2002年增设的沃尔特·迪斯尼影城（Parc Walt Disney Studios）

摄影 / Michele Paciulli

色彩鲜明的主题乐园

和其他迪斯尼主题乐园一样，巴黎迪斯尼乐园按照不同主题规划成五大园区：商店与餐厅林立的“美国大街”（Main Street, U.S.A.）；拥有最刺激的“太空山”（Space Mountain Mission 2）、“星际之旅”（Star Tours）、“巴斯光年”（Buzz Lightyear Laser Blast）的“探索世界”（Discoveryland）；可爱迷你的“小小世界”（“it's a small world”）、重温甜美童话的“梦想世界”（Fantasyland）；有“加勒比海盗”（Pirates of the Caribbean）和“印第安琼斯与危险神庙”（Indiana Jones et le Temple du Peril）的“冒险世界”（Adventureland）；以及拥有“巨雷山”（Big Thunder Mountain）与“鬼屋”（Phantom Manor）的“拓荒世界”（Frontierland）。除游乐设施外，也别错过园区内的精彩表演与游行。

体验动画成真的魅力

以动画享誉全球的迪斯尼，近年来不断推陈出新，在沃尔特·迪斯尼影城里，可以见识到所有卡通明星及动画主角的诞生过程。园区内分为四个部分：容纳好莱坞与迪斯尼影城商品专卖店的“前区”（Front Lot）；看着故事的主角诞生眼前的“迪斯尼动画艺术”（L'Art de l'animation selon Disney）以及借由灯光和镜子呈现不同视觉效果的“动画中庭”（Animation Courtyard）；进入电影惊险场景的“影城火车之旅”（Studio Tram Tour）、参观电视直播现场的“制片中庭”（Production Couyard）；以及以表演为主，包括精彩的演唱会、惊险飞车特技等的“后区”（Back Lot）。

摄影 / Michele Paciulli

DATA

地 Marne La Vallée 电 08 25 30 02 22 时 开园时间随日期不同，请上官方网站查询 交 搭乘RER郊区快线A线在Marne la Vallée/Chessy站下车，另外每天在奥利（Orly）和戴高乐机场（Charles-de-Gaulle）都有巴士VEA直接抵达迪斯尼乐园 网 www.disneylandparis.com

★紧邻巴黎的市外桃源

万塞讷与布洛涅森林 Bois de Vincennes et de Boulogne

巴黎，是一个高度绿化的城市，尽管市内商业活动频繁，终日车水马龙，然而散布各区的大小公园，舒缓了这座城市拥挤的面貌，在它的东南与西北端近郊，还各拥有一片规模不小的绿地供人们休憩，分别是万塞讷森林和布洛涅森林。

DATA

地 万塞讷森林Bois de Vincennes；布洛涅森林Bois de Boulogne

时 万塞讷森林从日出开放到日落，园区内其他景点开放时间不同，请上网站查询；布洛涅森林每天9:00~19:00、夏天延长开放至20:00

交 万塞讷森林搭乘地铁1号线在Château de Vincennes站下车，或是搭乘地铁8号线在Porte Dorée或Porte de Charenton站下车。布洛涅森林搭乘地铁2号线到Porte Dauphine站，或是搭乘地铁10号线到Porte d'Auteuiletk站，也可搭乘地铁1号线在Porte Maillot、Sablons站下车

位于东边的万塞讷森林

在1860年被称为万塞讷森林以前，这里曾是修道院的皇室猎园以及军方靶场，拿破仑三世一声令下，这里便成了一座出自景观建筑大师阿尔丰（Alphand）之手的英式庭园。可供划船的湖泊与人造瀑布丰富了这座森林的景观，此外，饲养着绵羊的“乔治农庄”（Ferme Georges-Ville）、教授园艺技术的“树丛学校”（Ecole de Breuil）、上演前卫戏码的“弹药库剧场”（Théâtre de la Cartoucherie）、每年春天在乐伊草坪（Pelouse de Reuilly）上举办的皇冠游乐场（Foire du Trone），以及可以赏花的“花园”（Parc Floral）都是其中著名的观光景点。

除此之外，这里还有一栋围绕着城墙与护城河的城堡，自受到路易九世重视起，一直到第二次世界大战中被德军炸毁的700多年间，它曾被当做皇宫、监狱、瓷器工厂、军械库以及城塞使用。建于14世纪的城堡主楼是中世纪军事建筑的典范，内部完工于1550年的哥特式教堂，玫瑰窗值得一看。公园中还有一座占地将近15万平方米的动物园，收留着那些因栖息地消失而需受到保护的动物。

日夜迥异的布洛涅森林

位于西边的布洛涅森林，是19世纪时豪斯曼男爵以伦敦的海德公园为蓝图而整建的865万平方米的绿地。同为法国国王狩猎林场的它，里头有一栋围绕着玫瑰花园的18世纪美丽别墅，是每年6月举办国际玫瑰展的场所。据说，玛莉·安托瓦内特皇后曾与1775年时统治此地的阿托瓦伯爵（Comte d'Artois）打赌，要他在64天的时间内将这座巴嘉戴尔公园（Parc de Bagatelle）完工。至于名为“动物园”（Jardin d'Acclimatation）的庭园，内有儿童游乐设施、骑马村、音乐亭、动物园、保龄球、高尔夫学校等。但此区近年来风化日益严重，不建议入夜后前往。

Part 4
城市导览

从北到南，跨越了三大气候带的法国，拥有丰富的自然景观：终年积雪的阿尔卑斯山脉、晴空一碧如洗的蔚蓝海岸、气候潮湿而农业兴盛的诺曼底等北部地区等，再加上周遭不同接壤国家的文化影响，各地区发展出独树一帜的地方情调。想要一眼看尽所有法国风情，几乎是不可能的事，所以本书特别选出15座最具代表性的城市，让你在最短的时间内饱览最多的当地特色，一窥法国的各方面貌。

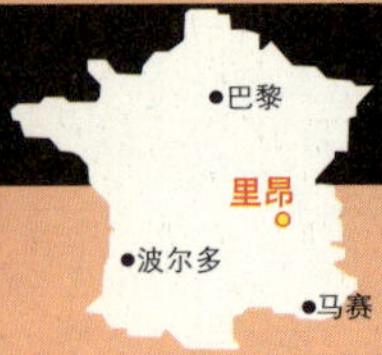

★享誉百年的纺织中心

Lyon
里昂

城市速写

位于罗讷河（Rhône）与索恩河（La Saône）畔，福维埃（Fourvière）与Croix-Rousse山丘间的里昂，最初为塞尔特人居住的地方；到了罗马统治时期，成为商人、士兵及船夫聚集的移民地，1世纪，君士坦丁大帝以此为高卢王国的首都，奠定了它在政治、经济、军事、宗教的重要地位。

1536年，弗朗索瓦一世国王的登基，再度改变了这座城市的命运，他钦命里昂为发展丝织工业的重点城市，到了17世纪时，里昂的丝织业几乎养活了城市中半数的人口，伟大的丝织工人、大师以及商号几乎闻名全法国；18世纪，里昂的丝织工业更是享誉全欧洲，迄今依旧盛名不坠。尽管法国大革命对里昂影响甚巨，但在工业革命时期，该地以新开发的技术急起直追，不但保住了独特的丝织工业，也稳坐法国第三大城的位置。

如何前往

● 飞机

从巴黎乘飞机，约1小时会抵达里昂机场，从机场搭巴士前往市区约50分钟。

● 火车

从巴黎里昂车站搭往里昂方向的TGV火车，约2小时可以抵达Lyon Part Dieu车站。

● 旅游服务中心

地址：Place Bellecour, BP 2254, 69214 Lyon cedex 02

电话：04 72 77 69 69

网址：www.lyon-france.com

赏 福维埃圣母院 Basilique Notre-Dame de Fourvière

旧市区的精神指标

map P80 A2

1870年，普鲁士人入侵里昂，在当地居民的要求下，吉努里亚（Ginoulhiac）大人许下了愿望：如果里昂能够逃过敌人的占领，便修建一座教堂还愿。这座献给圣母的教堂，于1872年时设下第一块基石，并于1896年完工。建筑师波萨（Bossan）以折中主义风格设计兴建，在他过世后，接手的建筑师佩兰（Perrin）继续完成这座外观朴实、内部却镶有马赛克拼贴、彩绘玻璃以及大理石的华丽殿堂。教堂内还有一座兴建于1830年，为教堂前身的瞭望塔，从这里可以俯瞰保留着文艺复兴时期氛围的旧市区。此外，还附设博物馆，展出相关圣器与教宗服饰等。

DATA 地 8, Place de Fourvière, Lyon 电 04 78 25 13 01 时 个人4月至10月周一至周六10:00~12:00、14:00~17:00，周日14:00~16:30；团体预约全年开放 网 www.fourviere.com

赏 罗马剧场 Théâtre Romain

法国最古老的罗马剧场

map P80 A2

公元前15年，奥古斯都大帝兴建了这座面向东方且掌控罗讷河与索恩河汇集地、远眺阿尔卑斯山的剧场。拥有1.7万个座位的它，是悲、喜剧的表演场地，一旁仅有3000个座位的音乐堂（Odéon）则供音乐、朗诵以及朗读使用。这两座表演场地，在近3个世纪的时间里，一直是高卢首都的团体生活重心，却在3世纪后开始没落，成为采石场而逐渐面目全非，一直要到20世纪上半叶，才经由整修形成今日面貌，并且名列联合国教科文组织核定之世界遗产名录。剧场旁有一座高卢－罗马文明博物馆（Musée de la Civilisation Gallo-Romaine），展出1~4世纪时在高卢发现的种种雕刻、碑文、高卢青铜月历、马赛克拼贴、器皿等古物。

DATA 罗马剧场 地 6, Rue de l'Antiquaill, Lyon 电 04 72 38 81 90 高卢－罗马文明博物馆 地 17, Rue Cléberg, 69005 Lyon 电 04 72 38 49 30 时 周二至周日10:00~18:00，1月1日、5月1日、11月1日、12月25日公休 网 www.musees-gallo-romains.com

赏 纺织品历史博物馆 Musée Historique des Tissues

记录辉煌的工业历史

map P80 B3

这座于1950年迁移至现址的纺织品历史博物馆，以30个展览室的空间，细说纺织品从公元前的埃及到今日2000多年来的发展史，并完整记录了里昂自文艺复兴时期迄今的丝织工业历程。

馆中展览主要分为东、西方两大部分，东方展区陈列了科普特挂毯，波斯、拜占庭、伊斯兰的纺织品和小亚细亚地毯，说明东方文明的变革；而西方展区则锁定意大利与西西里产品，还有后来迎头赶上的法国纺织技术，以及19世纪深受法国王室支持而欣欣向荣的里昂丝织。

DATA 地 34, Rue de la Charité, Lyon 电 04 78 38 42 00 时 周二至周日10:00-17:30，复活节周日、圣灵降临日公休 网 www.musee-des-tissus.com

游 沃土广场 Place de Terreaux

里昂最美的广场之一

map P80 B1

这座1994年经过重新规划的广场，名称为“由罗讷河古老河床带来的土壤填满”之意。广场正中央出自自由女神雕刻家巴托尔迪（Bartholdi）之手的喷泉，原本是为另一个城市——波尔多（Bordeaux）准备的，象征注入海洋的加龙河（Garonne）及其四条支流。然而，在1889年的世界博览会之后，由于波尔多无力负担这尊雕像，雕像于来年被里昂市长买下。广场的北面是旧城及围墙，南面是美术馆，市政厅优美的建筑则耸立于广场的东面。

DATA 地 Place de Terreaux

赏 圣让首席主教教堂 Primatiale- Cathédrale St- Jean Baptiste

融合罗马与哥特风格的教堂

map P80 A2

这座位于里昂历史中心的教堂，高44米、内部长80米，建于1180~1480年间，正好是罗马式建筑过渡到哥特式建筑的时期，因此两种风格都充分运用于教堂之中。从外观可以看见教堂后部圆室的两座尖塔，屋顶有一个高4米的十字架；位于北侧的钟塔以橡木支撑六座钟，其中最重的一座将近9吨。教堂正面的喷泉描述的是圣约翰替耶稣施洗的景象，四周的大门则装饰着教宗、国王、圣母及天使的雕像。教堂内部祭坛左后方的圣母礼拜堂中，可欣赏到12世纪时描绘圣徒保罗与彼得生活的彩绘玻璃。

DATA 地 Place St Jean, Lyon 电 04 78 42 28 25 时 8:00~12:05、13:55~19:30，周日至19:00 网 cathedrale-lyon.cef.fr

★探访勃朗峰的最佳基地

Chamonix 沙莫尼

城市速写

在18世纪时，探险家和登山家相继发现沙莫尼为攀登勃朗峰的最佳基地，并且登顶成功，使得这座原名“Le Pieure”的小镇，与一直被当成魔山看待的勃朗峰，摇身一变成为今日的滑雪胜地与攀登天堂。

尽管长达50公里的勃朗峰跨越了法国、瑞士和意大利，然而这座欧洲最高峰却独厚沙莫尼，赋予这座小镇最佳的欣赏地点，于是高级旅馆、赌场、餐厅在沙莫尼遍地开花。1924年在此举办的冬季奥运会，更让这座终年积雪的山城名气持续加温，涌入远比当地居民多上数倍甚至数十倍的游客。此外，在空中缆车开通后，征服勃朗峰不再是件难事，游客不用带冰爪与滑雪板，即使不懂登山也不会滑雪，都能轻松饱览白雪皑皑、尖峰连绵的绝美景致。

如何前往

● 火车

从巴黎里昂车站搭TGV火车往安锡（Annecy），车程约4小时，在安锡转乘往St-Gervais的特快车，车程约100分钟，再转搭往Chamonix-Mont-Blanc车站的火车，约35分钟即可抵达。

● 旅游服务中心

地址：85, Place du Triangle de l'Amitié - B.P. 25, 74401 Chamonix-Mont-Blanc

电话：04 50 53 58 90

网址：www.chamonix.com

Information

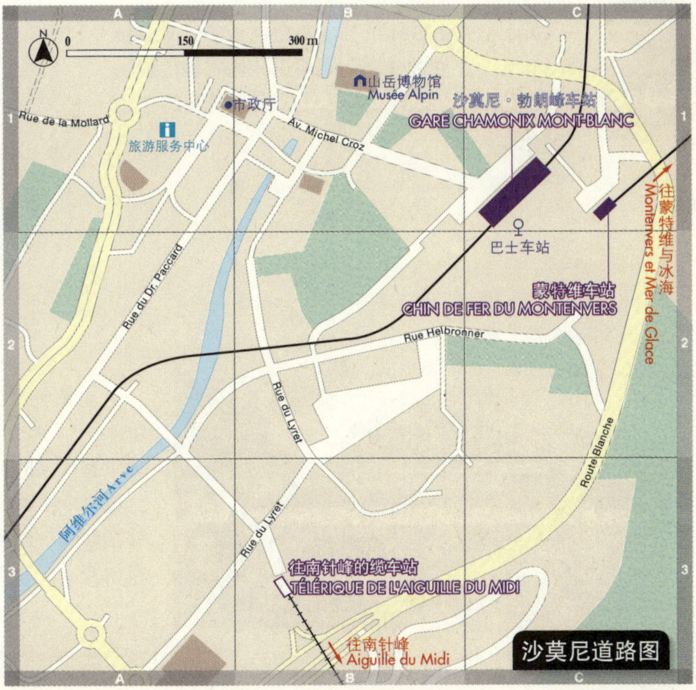

沙莫尼道路图

赏 南针峰 Aiguille du Midi

抬头便见勃朗峰的山巅

map P83 B3

标高3842米的南针峰，位于勃朗峰的正下方，与欧洲第一高峰相差大约1000米，是沙莫尼众多登高赏景处中人气最旺的一个。

前往南针峰的旅程从沙莫尼缆车站展开，在短短16分钟内便跨越近海拔3000米，因此中途必须在标高2317米的南针峰瞭望台（Plan de l'Aiguille）换乘一次缆车，也因如此险峻的地理环境，让早在19世纪上半叶即开始兴建的缆车工程数度中断，直到1955年才完工，在当时更创下世界最长缆车路线的纪录。

南针峰上有多座观景台，离缆车站最近的北顶（Piton Nord），是最靠近勃朗峰的一个；接着，穿越天桥后，可以抵达中顶（Piton Central）与勃朗峰平台（Mont Blanc Terrace），在此不但抬头可见峻峭挺拔的山势，低头得以俯瞰过去将沙莫尼冲刷得泥泞不堪的博松冰河（Glacier des Bossons），还常能看见滑雪游客与登山者的身影。

若搭乘缆车仍意犹未尽，不妨继续前往意大利的埃尔布罗纳峰（Point Helebronner），这段约莫半小时的空中旅程，会经过巨人冰川（Glacier Du Géant）以及白色山谷（Vallée Blanche），在欣赏阿尔卑斯山冰原谷地的神秘面貌之余，还能同时展开一段横跨两国的快闪行程。

DATA 沙莫尼缆车站 地 Téléphérique de l'Aiguille du Midi 电 04 50 53 30 80 时 8:00~16:45， 7月1日至8月31日7:00~17:00 网 www.infos.mtblanc.net/tele/midi/index.html

不可不知

全欧洲最高的餐厅

在南针峰顶的缆车站中，有一家名为“海拔3842”（Altitude 3842）的餐厅，这间全欧洲地理位置最高的餐厅，提供美味的食物，墙上还挂着一幅100多年前人们拎着长梯跨越冰缝的场景，不妨在此喝杯咖啡或热巧克力暖身，并体验辽阔的全景视野。

摄影 / 陈多明

赏 蒙特维与冰海 Montenvers et Mer de Glace

名人也为之疯狂的景色

map P83 C1外

邻近沙莫尼的蒙特维，拥有长11公里、厚200米、名列法国第一大且欧洲第三大的冰川，由于这条冰川的覆盖面积广达40平方公里，因此人们称呼它为“冰海”。自从1741年英国探险家发现它之后，无数名人纷纷前来探访，从巴斯德、大仲马到拿破仑三世，这些在各领域头角峥嵘的人物，几乎都倾倒在冰海的魅力之中。

摄影 / 陈多明

这条位于勃朗峰背面的冰川，沿群峰蜿蜒而下，1904年，意大利工程师利用牲畜与人力，建造了一条穿越森林，通往冰川的铁路，让所有人得以在20分钟的舒适车程之后，轻轻松松登上蒙特维标高1913米的观景台，而当年法国皇室身着华服参与通车典礼的照片，迄今仍高挂在火车站中。

从观景台远望，除了能欣赏气势壮观的冰河之外，还能远眺德辉峰（Aiguille du Dru）、大若拉斯峰（Grandes Jorasses）以及巨人峰（Dent du Géant）等高峰。此外，也可以踩上这条每年以90米速度移动的冰川，看看那些被冰川染成灰色的岩石，或走进开凿于山谷间的冰洞（La Grotte），在这些浅蓝色的空间中，展示着冰雕，让游人亲身体验爱斯基摩人生活在冰天雪地中的感受。

由于这片“海洋”的逐渐流逝，使得冰洞每隔一段时间就必须重凿，而从这些新旧洞口的痕迹，可以清楚看出看似静止的巨大冰川其实在缓慢流动着。

DATA 蒙特维冰河列车 地 35, Place de la Mer de Glace, Chamonix 电 04 50 53 12 54 时 班次随季节与情况而异，10月至12月中可能会有关闭情形，详细情况请上网查阅，或与冰河列车公司查询 网 www.montagne.chamonix.com/MonPre.php?ling=En

★艺术的前教皇宫廷

Avignon 阿维尼翁

城市速写

14世纪时，无力对抗罗马国内阴谋的教皇克里蒙五世（Clement V），决定回到自己的故乡法国，在阿维尼翁的一间本笃会修道院中避难，于是这座城市成为了教皇宫廷。在近70年的时间内，总共经历了七位法国教皇，不但使得城市规模快速扩张，也让它成为当时的艺术文化之都。

如今，阿维尼翁虽然褪去了昔日的光辉，教皇宫豪华的景象也已不复见，不过，这座曾经象征上帝权势的城市，并未因此成为人们的回忆，反而以一年一度的“阿维尼翁戏剧节”（Le Festival d’Avignon），成为全球瞩目的焦点。

阿维尼翁道路图

如何前往

● 飞机

从巴黎搭飞机，约70分钟会抵达阿维尼翁机场，从机场搭巴士前往市区约15分钟。

● 火车

从巴黎里昂车站搭往马赛方向的TGV火车，约2小时40分钟可以抵达阿维尼翁车站（Gare Avignon）。

● 旅游服务中心

地址：41 Cours Jean Jaures

电话：04 32 74 32 74

网址：www.ot-avignon.fr

Information

赏 教皇宫 Palais des Papes

法国历史上的圣地之一 map P86 C1

这栋拥有四座宏伟角塔的大型建筑，立面上没有奢华的装饰，反而有着坚固朴实的碉堡外观，与其说是宫殿，不如说是要塞来得恰当。1336年，本笃十二世将第二任阿维尼翁教皇扩建的老主教宫拆除重建，逐渐落实了这个“世界上最漂亮且坚固的房舍”的雏形；到了下一位继任者克里蒙五世时，主教宫的体积足足大了两倍，同时，来自意大利的艺术家，更以极其富丽堂皇的风格为它加以装饰。

然而，在法国大革命期间，教皇宫受到无情掠夺与破坏，使得它如今只剩下空空荡荡的建筑结构。但尽管如此，这栋宫殿仍是14世纪哥特式建筑最完美的范例之一，在连成一气的外观下，主要可分为两大部分：旧皇宫与新皇宫。在“肖像展览室”（Galerie de Portraits）则可以一窥历任教皇的长相；“教皇礼拜堂”（Papel Chapel）则收集了教皇葬礼时使用的圣器；“天使塔”（Tour des Anges）中有着美丽的橡树与葡萄藤壁画；另外，也别错过了著名的尖顶肋拱屋顶。

摄影 / 曹馥兰

DATA 地6, Rue Pente Rapide 电04 90 27 50 00 时3月15日至7月1日、10月9:00~19:00；7月至9月9:00~20:00，艺术节期间至21:00；11月1日至3月14日9:30~17:45 网www.palais-des-papes.com

赏 城墙 Les Remparts

捍卫教皇之城的防线 map P86 A3-B3-C3

城墙是阿维尼翁赋予人们的第一印象，尽管壕沟如今已开辟成停车场，但依旧可以看出它11世纪时宏伟的模样。以矩形方式环绕着阿维尼翁的高墙，犹如一个珠宝匣般，收藏着这座火焰哥特式的城市，长度约4千米的它，共设有39座塔楼和7扇主要大门。

Alex P.提供

游 钟楼广场 Place de l'Horloge

阿维尼翁的心脏地带　map P86 B2

与教皇宫一街之隔、两侧分别为市政厅与剧场的钟楼广场，是阿维尼翁最热闹的市中心所在，两旁林立的商店与咖啡馆，以摊子和露天咖啡座热闹了整座城市，尤其是艺术节期间，这里更被挤得水泄不通。剧院前方有一尊剧作家莫里耶的雕像，他带着疑惑的表情看着世间。此外，艺术节创办人的宅邸“让·维拉之家”（Maison de Jean Vilar）也在附近。

DATA 地 Place de l' Horloge

赏 小皇宫美术馆 Le Musée du Petit Palais

典藏丰富的意大利艺术品　map P86 B1

这座曾是本市主教府邸的美丽建筑，建于14世纪，如今以美术馆的姿态对外开放。馆中收藏了大量从中世纪到文艺复兴时期的艺术作品，除了当地的雕刻与绘画之外，整间美术馆几乎为意大利作品所占据：威尼斯派、佛罗伦萨派、西耶纳派，乔瓦尼（Giovanni di Paolo）、波提切利（Botticelli）等，令人目不暇接。

DATA 地 Palais des archevèques（教皇宫广场上）电 04 90 86 44 58 时 10月至5月9:30~13:00、14:00~17:30，6月至9月10:00~13:00、14:00~18:00，周二、1月1日、5月1日、7月14日、11月1日、12月25日休馆

Ville d'Avignon/Jean-Pierre Campomar提供

游 圣贝内泽桥 Le Pont St Bénezet

欣赏日落的极佳地点　map P86 B1

“阿维尼翁桥上，我们在此跳舞，我们在此跳舞……”一首脍炙人口的法国儿歌，让这条充满传奇性的断桥，成为阿维尼翁的知名景点之一。话说12世纪时，一位名叫贝内泽的年轻人因为获得神谕，而前来此地告知民众于罗讷河上修筑一道桥梁，起初被当成疯子的他，最后以一项项的奇迹感动当地居民而让这座桥得以兴建。当初长达900米的桥梁，共有22道弧拱，不过，由于在1668年曾因洪水而坍垮，所以现在只剩下4道弧拱以及一座双层的小礼拜堂。

DATA 地 Rue Ferruce 电 04 90 27 51 16

★多元文化的交会点

Marseille 马赛

城市速写

身为法国第二大城市的马赛，由于拥有优越的海上交通位置，早在公元前就已经是座繁荣的海港。在融入希腊人、罗马人、法国人、意大利人以及北非的原住民等族群之后，这座依旧充满港都淳朴风情的城市，更洋溢着一股难以形容的异国风情。

或许正因为众多种族相处，“误会”成了美丽的错误，让马赛一直给人带着点危险味道的印象，而几部描述黑帮故事的著名法国电影，更戏剧性地强化了它这样的形象。不过，这里也是法国作家兼导演马塞尔·帕尼奥尔（Marcel Pagnol）多部喜剧的背景地；如果要推往更久以前，距离旧港大约15分钟船程的伊夫岛，更是作家大仲马《基督山伯爵》的舞台——属于这座城市的传奇，似乎多到数不清。

如何前往

● **飞机**

从巴黎搭飞机，约75分钟会抵达马赛机场，从机场搭巴士前往市区约30分钟。

● **火车**

从巴黎里昂车站搭往马赛方向的TGV火车，约3小时可以抵达Marseille St-Charles车站。

● **旅游服务中心**

地址：4, La Canebière

电话：04 91 13 89 00

网址：www.marseille-tourisme.com

游 伊夫岛 Château d'If

享受短程出航的乐趣　　map P89 A1外

“铁面人”（Homme de Masque de Fer）的身份至今仍是个谜，这位曾多次出现在小说中的法国要犯，他的身世总引发诸多猜想，其中又以作家大仲马的“路易十四的双胞胎兄弟”的设定最具代表性。而位于马赛西方3公里处的伊夫岛，除了是大仲马笔下的基督山伯爵饱受冤狱之苦的地点，也是铁面人的囚室。岛上的城堡原是16世纪时的要塞，后来成为拘禁死囚、政治犯甚至于黑死病患者的地方，密不通风的建筑与户外蓝天碧海形成强烈的对比，只要爬上监狱的屋顶，即可欣赏马赛市区的优美景色。

DATA 地 Château d'If（从马赛旧港的大麻田路底与码头的交接处登船） 电 04 91 59 02 30 时 1月2日至5月31日、9月4日至12月31日9:30~17:00，6月1日至9月3日9:30~18:30，9月至3月的周一、1月1日、12月25日公休 网 www.monum.fr/visitez/decouvrir/fiche.dml?lang=fr&id=89

游 旧港 Vieux-Port

马赛的历史源头　　map P89 A2

Alex P.提供

圣尼古拉堡（Fort St-Nicolas）与圣让堡（Fort St-Jean）在左右两侧保护着这座海港的入口，前者呈现星形的碉堡，更是法王路易十四一声令下自平地兴起，不过，它们主要的用途并非捍卫城市，而是用来控制反叛国王的人。

码头兴建于路易十三在位时期，但在20世纪初期，由于纳粹认为马赛是“西方世界的衰退中心”，因而大兴土木改建，尤其将港口码头（Quai du Port）大肆整顿。1943年时，希特勒决定大力破坏将近2000栋的房舍，其中只有17世纪的市政厅、位于后方的司法院等少数建筑被保留下来。如果来到对面的新港码头（Quai de Rive-Neuve），一定要去蒂亚广场（Place Thiars）走走，因为这里充满威尼斯的水都氛围，并且有罗马长方形广场的气派。

随着新港的落成，马赛旧港失去了国际港口的地位，成为一座观光船只进出的港口，港边为数众多的露天咖啡座与餐厅，提供悠闲赏景与用餐的好去处。另外，每天早上8点开始，在拉卡讷比耶尔大街（La Canebière）与码头的交接处，有一座著名的鱼市，是新鲜海产的主要来源。

Alex P.提供

DATA 地 Vieux Port

赏 守护圣母教堂 Basilique de Notre-Dame de la Gard

航海者的守护神

map P89 A3-B3

耸立于150米高的山丘上，这座被马赛人昵称为“慈母”的教堂，46米高的钟楼上方有着金色的圣母与圣婴雕像，他们注视着即将踏上旅程的游人与水手，也迎接着即将上岸的归人或过客。这座出自19世纪设计师Espérandieu之手的拜占庭式大教堂，最早在13世纪时是一间隐居修士的礼拜堂，后来一再扩建，并于16世纪因法王来访而增建一座城堡。不过，到了1853年时，为了接纳每年将近150万名认为此地为“奇迹之地”的朝圣者，才拆除旧的礼拜堂，兴建了这栋宏伟的建筑。

教堂内可见大量的“还愿物”（ex-voto），如风格淳朴的画作，或是挂在中殿与走道中的船只和飞机模型，见证非常“地中海式”的虔诚信仰。走出这栋以大理石与马赛克拼贴装饰而成的大教堂，还可在露台上眺望马赛街景及远方的伊夫岛。

DATA 地 Place Colonel Edon 电 04 91 13 40 80 时 7:00~19:00 网 www.notredamedelagarde.com

Alex P.提供

赏 隆尚宫 Palais Longchamp

造型优雅的瀑布宫殿

map P89 C1

位于马赛城区东北边的隆尚宫，同样出自设计师Espérandieu之手，这栋独一无二的华丽宫殿原本只是座水塔，用来纪念供应马赛水源的杜宏斯（Durance）。建立于19世纪末的它，正面是一座由众多雕像环绕而成的喷泉，两道半圆形的侧翼以柱廊之姿环抱中庭广场。如今内部分别为展出16世纪南法画家作品的马赛美术博物馆（Musée de Beaux-Arts，目前封馆中），以及展出普罗旺斯动植物的自然历史博物馆（Musée d'Histoire Naturelle）。

DATA 自然历史博物馆 地 Place Henri Dunant 电 04 91 14 59 50 时 周二至周日10:00~17:00，假日公休 网 www.museum-marseille.org

★消暑避寒的艺术之城

Nice 尼斯

城市速写

身为蔚蓝海岸的首府、法国的第五大城市，拥有法国第二大机场的尼斯，无疑是前往蔚蓝海岸最主要的门户。这座早在希腊罗马时代便随着马赛发展的城市，终年洋溢着悠闲的度假气氛，令人很难联想到这里在长达5个世纪的时间里，曾是法国与萨沃伊公国政治角力拉锯的舞台。

18世纪时，避寒的英国王公贵族在此度过漫漫长冬，于是，天使湾边那条当初以英国人铺设的沙道为雏形的美丽散步大道，便被命名为“英国滨海大道”。一望无际的蓝天与碧海，让这座坐落于平缓丘陵和高山屏障之间的城市异常迷人，而一间间散落于尼斯各个角落的博物馆，更丰富了这座城市的景观。此外，尼斯每年夏天热闹登场的嘉年华会，近年来更成为法国的年度盛事，难怪人们要称它一声“里耶维拉的女王”！

如何前往

● 飞机

从巴黎乘飞机，约70分钟会抵达蔚蓝海岸尼斯机场，从机场搭巴士前往市区约15分钟。

● 火车

从巴黎里昂车站搭TGV火车，约5.5小时可以抵达尼斯·维尔车站（Gare Nice Ville）。

● 旅游服务中心

地址：5, Promenade des Anglais

电话：04 92 14 48 00

网址：www.nicetourism.com/GB/som.html

尼格雷斯科饭店 Hotel Negresco

充满传奇性的落脚处

map P92 A3

醒目的粉红色圆顶，让尼格雷斯科饭店成为“英国滨海大道”（Promenade des Anglais）上的地标。来自罗马尼亚的亨利·尼格雷斯科（Henri Negresco），15岁时离家前往法国旅行，他先后在巴黎、摩纳哥等城市待过，最后来到了尼斯，成为一家知名赌场的主管。由于得到王公贵族的信赖，为了替这些显赫的朋友们安排合宜的住处，他于1912年创立了这家极具“美好年代”风格的饭店，蓝色的壁纸与白色的床单，充满法国皇室的优雅气氛。1957年，接手的珍·奥吉耶（Jeanne Augier）女士，更与房客分享她对艺术的热爱，在饭店中增添了无数艺术作品，使得这栋在2003年时成为历史古迹的建筑，犹如一座美术馆般引人注目。

DATA 地 37, Promenade des Anglais , Nice 电 04 93 16 64 00 网 www.hotel-negresco-nice.com

天使湾 Baie des Anges

蔚蓝海岸的代表景观

map P92 A3-B3-C3

在地中海沿岸画出一道美丽弧线的天使湾，是全世界景致最丰富且活跃的海滩之一，色彩缤纷的遮阳伞、华丽的饭店、进行日光浴的泳装美女、赏景的情侣、在沙滩上玩耍的小孩、穿直排轮呼啸而过的年轻人、悠闲的阅读者……让毗邻而建的英国滨海大道热热闹闹地延伸了3.5千米的长度。和戛纳一样，这里的沙滩也有公私之分，即使不游泳戏水，只是散散步或晒晒太阳，饱览的美景便已值回票价。

DATA 地 Promenade des Anglais

旧市区 Vieux Nice

热闹的日常生活场景

map P92 B3-C3

与英国滨海大道上的时髦氛围截然不同，旧市区狭窄且古色古香的巷弄，以无数餐厅、咖啡馆和商店，呈现出尼斯光鲜亮丽面貌之外的大众生活百态，尤其是上午时分，出售各地特产以及缤纷花卉的摊贩，将萨雷亚广场（Cours Saleya）点缀得热闹异常，堪称认识当地人的最佳场合。

此外，旧市区里还有一座建立于17世纪的历史遗产——拉斯卡利斯宫（Palais Lascaris），此地在1963年经过整修后改设博物馆，具有巴洛克与热那亚风格，宫殿中保留了一道彩绘湿壁画的阶梯，以及多间装饰奢华的厅房，展示着来自法兰德斯的挂毯，以及17~18世纪的家具和陶器。博物馆四楼还收藏有一系列尼斯当地的古老乐器。

DATA 地 15, Rue Droite, Nice 电 04 93 62 72 40 时 10:00~18:00，周二与某些特定假日公休

赏 马蒂斯博物馆 Musée Matisse

令人心情愉悦的角落

map P92 C1外

鲜红色的外观，让这间坐落于西密耶兹（Cimiez）橄榄树林间的博物馆异常突出。它不但具有热那亚风格的17世纪外观、意大利式的庭园、高卢罗马遗址，同时也是马蒂斯1917年搬到尼斯后的落脚处，以及他1954年过世的地方。馆内收集了这位画家各个时期的作品，其中包括最著名的《蓝色裸体》（Nu Bleu IV）系列；除了绘画，也有撕画与素描。

DATA 地 164, Avenue des Arènes de Cimiez, Nice 电 04 93 81 08 08 时 周三至周一10:00~18:00，某些特定假日公休 网 www.musee-matisse-nice.org

买 欧艾荷之家 Maison Auer

满足热爱甜点的味蕾

map P92 B3

创立于1820年的“欧艾荷之家”，是尼斯鼎鼎有名的巧克力店。它的创始人亨利·欧艾荷最初先在土伦（Toulon）以糖果店起家，不过，出于对尼斯的偏爱，让他最后选择在这里开了间糖渍水果店。随着时间的发展，此家族陆续于1931年和20世纪60年代分别推出甜点与巧克力，不但大受欢迎，它已成为尼斯当地最具代表性的甜点之家。

DATA 地 7, Rue Saint François de paule, Nice 电 04 93 85 77 98 时 周二至周六9:00~13:30、14:30~18:00 网 www.maison-auer.com

赏 城堡遗迹公园 Parc du Château

绝佳的鸟瞰赏景位置

map P92 C3

位于旧市区东侧，美国堤岸（Quaides Etats-Unis）的底端，这座如今规划成公园的城堡遗址，盘踞于一座石头形成的小山丘上，划分出新旧城的界线，并提供欣赏天使湾、旧市区以及尼斯港口的角落。你可以选择以步行的方式从旧市区前往，大约需要10分钟的时间；也可以从山下搭乘付费电梯，不费吹灰之力便能坐拥地中海的碧海蓝天。园区内保留了昔日圣母院的遗址，以及绿色植物、瀑布和阴凉。

DATA 地 Rue de Foresta / Montée Monfort, Nice 时 8:00~18:00，9月、4月1日至5月31日延长开放至19:00，6月1日至8月31日延长开放至20:00

圣尼古拉大教堂 Cathédral Russe St-Nicolas

尼斯的俄罗斯风情

map P92 A2外

在尼斯·维尔火车站（Gare Nice Ville）西侧，有座外观洋溢俄罗斯风情的教堂——为何在这座充满阳光的南法滨海城市，会出现这么一栋充满东欧风情的建筑？原来，在19世纪下半叶时，有超过150个俄罗斯家庭迁居尼斯，这些苦无宗教聚会场所的人们，在当时仍属于意大利管辖的尼斯，兴建了西欧第一座东正教教堂，也就是圣尼古拉教堂的前身——圣尼古拉与圣亚历山大教堂（Eglise Orthodoxe Russe St Nicolas et St Alexandra）。

到了20世纪初期，为了纪念因肺结核而过世于此的俄罗斯皇帝尼古拉二世，这座东正教教堂便改名为圣尼古拉大教堂（Cathédral Russe St-Nicolas），绿色的洋葱头塔顶、金色的十字架、华丽的瓷砖、精致的圣像，往往吸引无数游人的目光。

DATA 地 Av. Nicolas-II, Nice 电 04 93 96 88 02 时 5月1日至9月30日9:00~12:00、14:30~18:00，10月9:15~12:00、14:30~17:30，11月1日至2月15日9:30~12:00、14:30~17:00，2月16日至4月30日9:15~12:00、14:30~17:30 网 www.egliseorthodoxerusse-nice.com

Alziari橄榄油专卖店

传承百年的橄榄芬芳

map P92 B3

尼斯橄榄的品质举世皆知。Alziari家族自1868年开始经营橄榄磨坊的生意，并于1920年时在尼斯开设了第一家商店，现在的这家店面出现于1936年。当初每天从磨坊带油前来擦亮店里铁桶的传统延续至今，并且继续为大家提供各种等级的橄榄油。此外，Alziari的磨坊虽然曾于19世纪重建，但依旧可以透过参观，了解这个历经五代的家族橄榄油厂的历史。

DATA 地 14, Rue St-François-de-Paule, Nice 电 04 93 85 76 92 时 周二~周六8:30~12:30、14:15~19:00 网 www.alziari.com.fr

★星光闪耀的度假地

Cannes 戛纳

城市速写

19世纪中叶，霍乱肆虐普罗旺斯地区，使得尼斯行政首长不得不下令封锁边境至萨丁尼亚岛，于是无法前往当地度假、疗养的人们，纷纷“受困”于戛纳这座原本毫不起眼的小渔村，并进而发现了它迷人的一面，让它逐渐发展成为热门的滨海疗养度假胜地。

1946年开始，戛纳国际电影节正式揭幕，让这个在法国当地已颇具人气的小镇跃上了国际舞台，如今这场每年举办的世界影坛盛事，让平日已是狗仔埋伏偷拍名流韵事的小十字大道沙滩，更是终日镁光灯闪个不停，再加上凑热闹的、想成名的……各方人物几乎挤爆了面积迷你的戛纳。但除了华丽的印象，戛纳的旧市区依旧保持着朴实的面貌，穿梭于狭窄的巷弄间，或许能追忆起与渔村相关的点点滴滴。

如何前往

● 飞机

从巴黎乘飞机，约70分钟会抵达蔚蓝海岸尼斯机场，从机场搭巴士前往戛纳市区约40分钟。

● 火车

从巴黎里昂车站搭乘往戛纳的TGV火车，约5小时可以抵达戛纳车站（Gare Cannes）。

● 旅游服务中心

地址：La Croisette

电话：04 92 99 84 22

网址：www.cote.azur.fr/site-tourisme-cannes-1067.htm

Information

夏纳道路图

游 小十字大道 Bd. de la Croisette

彩色遮阳伞装点的缤纷大街

map P96 B1-C2

一侧是美丽的私人沙滩，另一侧是高级饭店与名店林立的街道，沿着海湾延伸的小十字大道，是戛纳的主要大街。路旁的名牌精品店虽不像巴黎蒙田大街上有着精心设计的高调橱窗，然而，沙滩上躲在遮阳伞下度假的人们，却依旧能让人感受到他们“不凡”的身份——毕竟这是专属饭店房客的私人沙滩，一般人则必须前往位于海湾两侧较远处的沙滩戏水、晒太阳。

节庆宫（Palais de Festival et des Congrès）是小十字大道上最著名的景点，它是戛纳国际电影节的主要会场，许多明星都曾在它前方的红地毯上，留下回眸一笑的照片；在它周边的铺石路面上，也有着类似好莱坞中国戏院前方的明星手印装饰，成为许多游客拍照留念的地方。

DATA 地 La Croisette 电 04 93 39 01 01 网 www.palaisdesfestivals.com

宿 卡尔顿洲际饭店 Carlton InterContinental

明星最爱的高级旅馆

map P96 B1

身为小十字大道上最受欢迎且最奢华的超高级饭店之一，这栋登记为历史建筑的饭店，其外观已经成为闻名世界的戛纳地标。拥有338间客房，每年戛纳国际电影节期间，这里既是电影明星下榻的大本营，附属的餐厅、酒吧与滨海啤酒屋，更是名流经常出没的地点。之外，卡尔顿洲际饭店也是多部电影的背景地，摩纳哥王妃格蕾丝·凯利便曾经在此拍过《抓贼记》（To Catch a Thief）。

DATA 地 58 Blvd de la Croisette 电 04 93 06 40 06 网 www.ichotelsgroup.com

►卡尔顿饭店犹如矗立于沙滩后方的城堡。

游 旧市区 Le Suquet

气质朴实的原味戛纳

map P96 A1

因为电影与明星，戛纳给予世人浮华的印象，然而这座历史上的小渔村，却仍保留了一处具有昔日风貌的角落——位于城市西边的旧市区“苏介”（Le Suquet）盘踞着骑士山（Mont Chevalier），虽然山高只有60米，却足以眺望地中海与戛纳的美景。

山丘顶端有一座希望圣母教堂(Église Notre-Dame d'Espérance)，这座兴建于1627年的晚期哥特式教堂，拥有美丽的方形罗马式钟塔。每年夏天教堂所在的广场都会举办户外音乐会。

圣母教堂旁边还有一座中世纪碉堡，俯视着小十字大道与列航群岛，兴建于11世纪的它始终捍卫着这座逐渐扩张的小镇。如今变身为卡斯特博物馆（Musée de la Castre），展出从欧亚非各地搜集而来的古物、东方与普罗旺斯的绘画，以及来自世界各地的乐器。

DATA 地 Place de la Castre 电 希望圣母教堂04 93 39 17 49；卡斯特博物馆04 93 38 55 26 时 希望圣母教堂9:00~12:00、14:00~18:00，冬季上午不开放；卡斯特博物馆10:00~19:00

加值情报

★传奇不灭的童话王国

Monaco 摩纳哥

城市速写

这个人口才将近3万人，面积不到2平方公里的国家，却是世界各地富豪名人争相前往度假，甚至移民的地方——摩纳哥，这颗地中海沿岸的宝石，因为全年拥有多达300日的晴天，加上免税，以及针对非法国人不能稽查收入的政策，让它成为有钱人的天堂，而这个寸土寸金的国家，也因这些富豪名流的点缀，更加突显它矜贵的特色。

摩纳哥优秀的天然港湾，早在腓尼基人的航海时代就被开辟使用；之后，这里曾先后受到希腊与罗马人的统治；13世纪时，来自意大利北部的格里马尔迪（Grimaldi）家族入主，正式展开摩纳哥的历史，这支被迫流亡的热那亚（Genova）大家族，一直到19世纪才带领这个国家完全独立，并且，直到今天仍继续统治着这个全世界最小的国家之一。

如何前往

- 飞机

从巴黎乘飞机，约70分钟会抵达蔚蓝海岸尼斯机场，从机场搭巴士前往摩纳哥市区约55分钟。

- 火车

从巴黎里昂车站搭往摩纳哥的TGV火车，约6小时可以抵达摩纳哥·蒙特卡洛车站（Gare Monaco Monte-Carlo）。

- 旅游服务中心

地址：2a, Bd des Moulins, Monte Carlo, MC 98030 Monaco Cedex

电话：（377）92 16 61 16

网址：www.monaco-tourisme.com/357/wwwdtc.nsf/fr_home.htm

Information

摩纳哥道路图

大赌场 Grand Casino

奢华如宫殿的娱乐场 map P98 C2

1856年，摩纳哥批准开放赌场，于是第一家赌场在查理三世（Charles III）王子的剪彩下，于1863年和世人见面，而在短短的30年间，越来越成功的赌场生意，也让摩纳哥政府宣布，自1896年后不再征收个人所得税。

大赌场位于蒙特卡洛区的中心，盘踞于山丘上俯视着美丽的地中海景色，这些全依赖巴黎加尼埃歌剧院设计师的一双巧手，让这片在19世纪中叶仍是荒地的高台，成为一座以赌场为中心，包含喷泉、咖啡馆、棕榈树的赌场广场。

宫殿般的外观、铺设大理石的玄关、装饰着彩绘玻璃的游戏室……大赌场以它异常典雅华丽的气质吸引了来自世界各地的赌客，为了配合这样的高级场合，来访的人也必须身着正式服装。

赌场内共分为4个厅：欧洲厅(Salon de l'Europe)是蒙特卡洛第一间开放的游戏室，建于19世纪末，至今仍保留了当时以季节和摩纳哥周围自然风景为主题的湿壁画，厅内的8座采用波希米亚水晶的枝状吊灯各重达150千克。最初构想当做谈话厅使用的白厅（Salle Blanche）拥有最别出心裁且令人惊艳的装饰，借助艺术家Gervais的画笔，让到访者得以见识当时最著名的三位妓女的样貌。1890年开放的杜泽厅（Salle Touzet）以珍贵的木头和田园风格的彩绘花瓶装饰。至于梅迪西厅（Salle Medecin）则位于赌场东侧通往餐厅的通道，因有精雕细琢的桃花心木以及华丽的帷幔，又被称为“帝国厅”（Salle Empire），位于露台上的它拥有俯视马丁岬的极佳视野。

另外位于一旁的太阳赌场（Le Sun Casino），则是一间有着类似拉斯韦加斯风情的小赌场，开业于1975年，拥有300台吃角子老虎机，终日不绝于耳的钱币声无时不煽动着赌客的心。大赌场旁还有一间充满装饰艺术风格的巴黎咖啡馆（Café de Paris），历史将近150年的它，发生过无数趣闻，而且也同样设有赌桌与吃角子老虎机。

DATA 地 Place du Casino, Principauté de Monaco 电 （377）92 16 20 00 时 大赌场12:00~休息；太阳赌场11:00开始；巴黎咖啡馆10:00开始 网 www.casinomontecarlo.com/fr

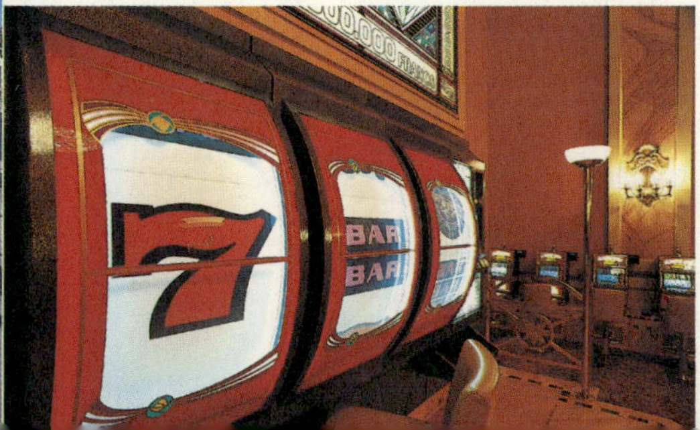

宿 巴黎饭店 Hôtel de Paris

一生一次的奢华体验

map P98 C2

位于大赌场旁，同属蒙特卡洛度假村旗下产业的巴黎饭店，承续了大赌场优雅奢华的外观。开业于1864年，这家摩纳哥最高级的饭店拥有187 间客房（74间为套房）和3间顶级餐厅，历年来备受《Conde Nast Traveler》和《Travel & Leisure》等旅游杂志推崇，室内金碧辉煌的装饰呈现宫殿般的奢华，房间则以淡色系的搭配体现出皇室般的优雅，近年来饭店也将部分房间换装，展现较现代且活泼舒适的一面。

DATA 地 Place du Casino, Monte-Carlo 电（377）98 06 30 16 网 www.montecarloresort.com/fr/resort/default.asp

赏 摩纳哥港 Port de Monaco

感受片刻的富人生活

map P98 B2-B3

停满了高级游艇的摩纳哥港，与背后层层叠起的房舍形成错落有致的景色。有人说摩纳哥的F1赛车之所以吸引人，除了因为是在真正的马路上奔驰且山路迂回狭窄之外，更重要的是，同时还可欣赏到摩纳哥的海港景色。港口旁边餐厅林立，傍晚时分不妨前来边用餐边欣赏日落美景，体验属于摩纳哥的浪漫情调。

DATA 地 Port de Monaco

赏 热带花园 Jardin Exotique

超现实的自然王国

map P98 A2

这座设置于峭壁侧翼，开放于1933年的花园，搜罗了来自美国西南部、墨西哥、中美洲、南非等遥远干燥地区的“多汁”热带植物，种类多达上千种，形成相当特殊且繁盛的景观。在花园瀑布下方60米处的地底下，还有一座形成已上千年的史前钟乳石洞（La Grotte de l'Observatoire），有专人解说；并带领你进入这个标高介于40~98米的神秘世界。此外，园中还有一座人类学博物馆（Le Musée d'Anthropologie），详细介绍与史前人类相关的种种遗迹与知识。

DATA 地 62, Boulevard du Jardin Exotique, B.P. 105, Monaco Cedex 电（377）93 15 29 80 时 5月15日至9月15日9:00~19:00，9月16日至5月14日9:00~18:00（或日落），11月19日和12月25日公休 网 www.jardin-exotique.mc

赏 皇宫 Palais Princier

一窥真实的皇室世界

map P98 A3

1215年，热那亚人在今日矗立着皇宫的岩石平台上，建立了一座碉堡。如今这里仍居住着雷尼耶三世亲王及其家人，并于夏季时分开放部分主要建筑供游人参观。在导游带领下，首先会进入四周围绕着湿壁画与回廊的荣誉中庭（la Cour d'Honneur），里面有一座以卡拉拉大理石打造、形状犹如竖琴的阶梯，灵感来自枫丹白露宫。接着，还会参观到完美融合蓝色与金色元素、以威尼斯水晶吊灯、小花锦缎挂毯与镀金家具装饰的蓝厅（le Salon Bleu），举行官方仪式且拥有文艺复兴式壁炉的宝座厅（la Salle du Trône）、彩色细木护壁板镶嵌而成的玛萨琳厅（le Salon Mazarin），以及大理石、粉饰灰泥共同打造的谒见厅等。

DATA 地 Place du Palais 电（377）93 25 18 31 时 4月3日至4月30日10:30~18:00、10月至17:30，5月1日至9月30日9:30~18:30，1月1日至4月2日、11月1日、12月31日公休 网 www.palais.mc

赏 摩纳哥大教堂 Cathédrale de Monaco

皇室婚礼的见证地

map P98 B3

这座建于1875年的教堂，以La Turbie白色石材打造，采用罗马拜占庭风格，保护着已故王子们的雕像。祭坛装饰屏出自尼斯艺术家之手，年代可回溯到1500年；主祭坛也同样采用来自卡拉拉的大理石。摩纳哥重要的宗教或官方仪式都在此举行，其中包括雷尼耶三世亲王与女星格蕾丝·凯利于1936年举行的那场为期两天的世纪婚礼。

DATA 地 4, Rue Colonel-Bellando-de-Castro - Monaco-Ville 电（377）93 30 87 70 时 8:30~19:00，冬季至18:00

赏 海洋博物馆和水族馆 Musée Océanographique et Aquarium

进入美妙的海底世界

map P98 B3

1910年，艾伯特一世王子（Albert I）以他所收集的一系列海洋动物志，创立了这间世界知名的博物馆。90座饲养着罕见珍贵鱼类品种的水族馆，是馆中最著名的部分，稀奇古怪的鱼群以各式形状、色彩，提供壮观的视觉效果；而最后落成的鲨鱼礁湖（Le lagon aux requins），是一座面积达450平方米的水池，里头居住着色彩缤纷的珊瑚礁以及海洋生物。

DATA 地 Avenue Saint-Martin - Monaco-Ville 电（377）93 15 36 00 时 4月至6月9:30~19:00、7月至8月到19:30，9月8:30~19:00，10月至3月10:00~18:00 网 www.oceano.mc

★玫瑰色的工业大城

Toulouse 图卢兹

城市速写

介于大西洋与地中海之间的图卢兹，是法国第四大城市，身为欧洲航空工业的重心，同时也是欧洲发展最快的城市之一，让人很难想象这座诞生于罗马帝国、历史上多次成为行政区首府的城市，18、19世纪时居然跳过了工业革命，陷入沉睡般的状态，直到20世纪时，因为法国政府在此推动军事与航空工业，才让它得以复苏。

除了是座工业大城，这座以红砖打造的“粉红色”城市内也有历史悠久的教堂、置身古老建筑中的博物馆，甚至风格横跨古代到当代艺术的美术馆。此外，这里也是《小王子》（Le Petit Prince）的作者圣埃克苏佩里（Saint-Exupéry）的故乡，位于市政大厦广场上的大阳台大厦（Hôtel du Grand Balcon）中，有一座收藏他作品与照片的永久陈列室。

如何前往

● 飞机

从巴黎乘飞机，约70分钟会抵达图卢兹机场，从机场搭巴士前往市区约20分钟。

● 火车

从巴黎蒙帕纳斯车站搭往图卢兹方向的TGV火车，约5小时可以抵达图卢兹·马塔比奥车站（Gare Toulouse Matabiau）。

● 旅游服务中心

地址：Donjon du Capitole, BP 38001, 31080 Toulouse Cedex 6

电话：05 61 11 02 22

网址：www.toulouse-tourisme.com

Information

图卢兹道路图

赏 圣塞尔南教堂 Basilique St-Sernin

早期基督教建筑的罗马变体

map P102 B1

这座西方世界最大的罗马式建筑，以它惊人的体积和美丽的主殿，来纪念3世纪时图卢兹的第一位基督教主教——圣塞尔南。由于不愿向异教屈服，他被双脚绑在公牛身上拖行于大街小巷之间，直到绳索断裂、气绝身亡为止。

当时，他的遗体被收纳于一座木棺中。4世纪时，接任的主教在木棺下葬的土地上方加盖了一座小圣堂，以纪念这位殉道者；不久之后，圣堂变成了一座殉道者教堂，圣塞尔南的遗体也于5世纪时移到了大理石棺中。844年时，这里成立了守护圣塞尔南遗体并为其举行宗教仪式的译事司铎修会。查理大帝捐献了部分圣徒遗物给圣塞尔南教堂，使得它成为通往西班牙“康波斯特拉的圣地亚哥”（Santiago de Compostela）的朝圣之路上的重要中途站，因此，当时的教堂已无法应付如潮水般涌进的朝圣者，为了接待他们，11世纪时才诞生了这座今日所见的红砖建筑。

尽管兴建于罗马时期，圣塞尔南教堂却与一般的罗马长方形教堂有所不同，呈现十字造型。八角形的钟楼是教堂外观上最引人注目的地方，高150米的它共分为五层，兴建于12~14世纪之间，最上方的尖塔则是15世纪才增添的部分。拥有9间放射状礼拜堂的祭坛周围圣区最为古老，属于11世纪的早期建筑，陈列着重要的圣徒遗物。桶状拱顶的内部主殿迥异于早期的教堂，体积也比同时期的教堂建筑要大，四道侧廊由扶臂支撑肋骨拱顶，大理石祭坛则位于钟楼的正下方。而收藏了大量圣骨的地下墓穴，从17世纪开始陈列着圣人们的遗骸，其中包括圣塞尔南。

DATA 地 Place Saint-Sernin, Toulouse 电 05 61 21 80 45 时 10月至5月周一至周六8:30~11:45、14:00~17:45；周日8:30~12:30、14:00~19:00。6月周一至周六8:30~12:15、14:00~18:15；周日8:30~12:15、14:00~19:00。7月至9月周一至周六8:30~18:15；周日8:30~19:30

游 市政大厦广场 Place du Capitole

图卢兹的政商中心

map P102 B2

位于图卢兹的心脏位置，这座获得国王许可，经过拆毁成片房屋才得以兴建的广场，从早到晚都热闹不已；大饭店和咖啡馆增添了这个“图卢兹独立象征”的活泼气氛，南北两侧街道间，聚集着各式各样的商店和百货公司。

历经多次更名，广场上面的建筑一直到18世纪才清除干净，如今主要耸立着容纳市政厅（Hôtel de Ville）以及国家剧院（Théâtre National）的市政大厦。广场长135米、新古典主义风格的市政大厦外观，由八根粉红色的大理石柱构成，象征罗马时期的八位元老。完工于1750年，改建自12世纪原始建筑的它，只剩下亨利四世中庭（Cour Henri IV）与大门，保留着中世纪建筑的原始痕迹。1873年时，维奥列特·勒杜克为这座附属建筑的主塔，增添了一座典型北法风格的钟楼。此外，市政厅的二楼还有一座美丽的拱廊，装饰着出自19世纪图卢兹当地艺术家之手的湿壁画，被称为“卓越厅”（Salle des Illustres），长达62米，用来展现新政体的荣光。

DATA 地 Place du Capitole, Toulouse 电 市政厅05 61 22 34 12 时 展览厅周一至周五9:00~17:00、周末和假日10:00~17:00

赏 雅各宾修道院 Conventuel des Jacobins

肋拱形成的另类棕榈树

map P102 A2-A3

创立于1229~1350年间，这座修道院完全以红砖打造，是当地哥特式艺术的珍贵范例。看来低调的教堂，其实结构非常复杂，其简朴厚实的外观，与繁复精巧的内在，形成强烈的对比。

挑高的顶棚是教堂最值得一看的地方，七根高22米的圆柱将主殿一分为二，那根位于最内部、祭坛半圆形圣堂中的圆柱，顶着分散成11个三角形的拱顶，这些均分的线条形成22座尖拱，放射出犹如棕榈树般的惊人肋骨结构景观。

装饰着14世纪湿壁画的圣安东尼礼拜堂（Chapelle Saint Antonin），有描述24位手持乐器与香水瓶的老人歌颂献祭于天父膝下之羔羊故事的蛋彩画，而三叶形拱下方的壁画，则记载着圣安东尼这位著名神学家兼哲学家的生平故事。

紧邻一旁的修道院兴建于1251年；14世纪初，位于教堂西侧的回廊，连接了教堂、教务会议厅、圣安东尼礼拜堂，以及今日当做展览场地使用的食堂等主要建筑，是一座拥有一连串大理石小圆柱与柱头点缀而成的优雅连拱廊。

DATA 地 Place des Jacobins, Rue Lakanal, Toulouse 电 05 61 22 21 92 时 每天9:00~19:00 网 www.jacobins.mairie-toulouse.fr

★满溢酒香的西南要城

Bordeaux 波尔多

城市速写

位于法国的大西洋沿岸，这座以葡萄酒闻名于世的法国大城，被加龙河（Garonne）从中一分为二，在公元前300年时便受到克尔特人的青睐，到了公元前60年成为罗马人领地，也在此时期因作为葡萄酒集散出口港而日益繁荣。

经过日耳曼人、西哥特人以及诺曼人等外族的入侵，波尔多的动荡不安一直延续到12世纪上半叶，1152年，阿基坦女公爵艾莉诺（Eleanor）与英国金雀花王朝的亨利伯爵（Henry），也就是后来的亨利二世结婚，而被当做嫁妆的波尔多，也随之变成英国海外领土长达3个世纪，这也是当地美酒享誉全世界的开端。18世纪之后，废奴、蔗糖业衰退以及葡萄蚜虫害对波尔多产生了巨大的打击，然而这座城市却继续生产知名葡萄酒并向转型航空业迈进，或许正因这样的精神，让它在第二次世界大战时三度成为法国首都。

如何前往

● 飞机

从巴黎乘飞机，约70分钟会抵达波尔多机场，从机场搭巴士前往市区约30分钟。

● 火车

从巴黎蒙帕纳斯车站搭往波尔多方向的TGV火车，约3小时可以抵达波尔多・圣让车站（Gare Bordeaux St-Jean）。

● 旅游服务中心

地址：12 cours du XXX Juillet, 33080 Bordeaux Cedex

电话：05 56 00 66 00

网址：ww.bordeaux-tourisme.com

Information

波尔多道路图

游 圣彼得桥 Pont de Pierre

白天优雅入夜浪漫的去处

map P105 B2-C2

跨越于加龙河上，这座1821年开通的桥梁，拉近了波尔多与市中心的距离。当初拿破仑一世为了让他的军队通过，于是下令兴建这条有着17道跨距的桥梁，然而在工程进行的12年间，因为水流过于强劲，产生了许多问题，直到向英国人借来了潜水钟，才使得深入淤泥的立柱变得稳固。圣彼得桥上装饰着纪念这位帝国皇帝的白色圆雕饰以及波尔多的城市徽章，现在它不但是汽车、脚踏车通行的要道，也是人们散步、欣赏河畔风光的最佳去处；入夜后，更充满浪漫的气氛。

DATA 地 Pont de Pierre，Bordeaux

赏 圣安德烈大教堂 Cathédrale St-André

攸关波尔多历史的教堂 map P105 A2

圣安德烈大教堂汇集了13世纪罗马式宽敞、独特的主殿，以及哥特式美丽典型唱诗班席位两大不同部分。在英国人统治时期，由于波尔多地区迅速发展，决定在主殿外扩建十字翼廊与唱诗班席位，然而，工程却因为百年战争而中断，直到英国人被驱逐出境后才得以延续。目前，教堂北边的建筑立面拥有顶高81米的尖塔，其大门完美装饰着14世纪的人物雕像，右侧的皇家之门的塑像年代更可回溯到13世纪。兴建于1440年的佩-贝兰钟楼（Tour Pey-Berland）则以当时下令动工的主教命名，可以眺望波尔多的市区风景。

DATA 地 Place Pey-Berlan, Bordeaux 电 05 56 81 26 25 时 周二至周日9:00~18:00

赏 大剧院 Grand Théâtre

波尔多黄金时期的象征 map P105 B1

18世纪因繁荣的经济活动而生气勃勃的波尔多，在黎塞留公爵（Le Duc de Richelieu）的决定下，兴建了这处符合他身份的表演场所。工程于1773年展开，历经7年落成，以意大利式剧院为范本，这座新古典主义风格的建筑长88米、宽47米，共可容纳1000多位观众，正面的12根科林斯式柱，令人联想起希腊神殿，上方装饰着音乐、诗词等缪斯女神的雕像。大剧院至今仍供芭蕾舞、朗读、音乐会与戏剧表演使用。

DATA 地 Grand-Théâtre, Place de la Comédie, B.P. 95, Bordeaux Cedex 电 05 56 00 85 95 时 内部参观须预约，行程约1小时，请向波尔多旅游局申请，电话05 56 00 66 00。 网 www.opera-bordeaux.com

赏 证券交易所广场 Place de la Bourse

首座打破中世纪樊篱的建筑 map P105 B1

在国王建筑师的指挥下，这座有着一道美丽拱廊线条与石板屋顶的广场，成为波尔多18世纪末建筑的完美范例。历经将近半个世纪的建造，落成于1749年的它，象征着波尔多的繁荣，其间曾经多次更名，从“皇家广场”到“自由广场”等，直到1848年路易·菲利浦一世失势后，才有了今日的名称。1869年，一座美惠三女神喷泉取代历年来的雕像耸立于广场的中央，后方建筑分别为财政部、工业部以及关税部门，这片紧邻加龙河右岸的土地，在夜间灯火的衬托下更显壮丽。

DATA 地 Place de la Bourse, Bordeaux

游 坎孔斯广场
Place des Quinconces

欧洲规模最大的广场 map P105 B1

占地12万平方公里的坎孔斯（意为梅花形）广场，其名称来自于种植成梅花形的树林。位于旧市区北边的它，接续了证券交易所广场后方的加龙河右侧堤岸，于1810年时整理城堡遗址建成，并在路易十四时加以修缮，以防堵本市的造反活动。两根装饰着喙状舰首的纪念柱正对着加龙河，高21米，象征罗马船队辉煌的控海权，上方的浅浮雕分别象征航海贸易。广场西侧的主要纪念碑兴建于1894~1902年间，用来纪念法国大革命后被处以死刑的吉伦特派（Girondins）党员，包含一个拥有两座水池的大型底座，装饰着青铜材质的骏马和人物群像，在中央高达43米的纪念柱上，则耸立着高达10米的自由女神像。

DATA 地 Place des Quinconces, 33000 Bordeaux

买 圣凯瑟琳购物街 Rue Sainte-Catherine

不受干扰的徒步购物街 map P105 B1-B3

靠近歌剧院，这条波尔多的主要道路，是全欧洲最长的步行街，大小餐厅、咖啡馆、名牌精品店、百货公司林立，让人见识到这座城市最活泼且繁荣的景象；如果你觉得波尔多是座静谧的城市，你会发现原来所有的人全挤在这里。

除此之外，街上还有许多景点，像是位于道路两端的梅垛（Porte Médoc）和阿基坦（Porte d'Aquitaine）城门，以及圣波黑广场（Place Saint-Projet）上年代可上溯到14世纪的十字架等，既可购物又能赏景，乐趣多多。

DATA 地 Rue Sainte-Catherine, 33000 Bordeaux

★大战后浴火重生之城

Caen
卡昂

城市速写

创建于罗马时期，这座位于通往圣米歇尔中途的城市，11世纪时因为“征服者威廉”（Guillaume le Conquérant）在此设立宫廷而广为人知。在这位公爵国王的统治下，兴建了城堡以及两座遥遥相望的修道院，而在接下来的几个世纪中，尽管历经变迁，这片三角地带依旧是本市的主要发展中心。

1346年，英国国王爱德华三世（King Edward III）意欲夺取这座当时诺曼底最富有的城市而率军前来攻打。不但屠杀3000位居民，还烧毁了大部分的商业区，最后，只有久攻不下的城堡保留下来。然而，卡昂并未因此逃过战争的磨难，第二次世界大战期间，由于同盟国与轴心国陷入苦战，直到1944年诺曼底之役，英、加两国军队突防，在大轰炸卡昂之后，盟军才终于夺取这座城市的西部区域，但卡昂的市容也已满目疮痍。经过数十年的重建，如今主要建筑多已复原，并散发浓郁的文化气息。

如何前往

- 火车

从巴黎圣拉扎尔车站搭往卡昂的直达快车，约2小时可以抵达卡昂车站（Gare Caen）。

- 旅游服务中心

地址：Place Saint Pierre, 14000 Caen

电话：02 31 27 14 14

网址：www.tourisme.caen.fr

赏

男子与女子修道院 Abbayes aux Hommes et aux Dames

征服者威廉的赎罪之礼

map P109 A2 & C1

摄影 / 曹馥兰

1050年左右，诺曼底公爵吉隆姆，也就是后来的征服者威廉，不顾教皇Léon IX的反对，娶了近亲“法兰德的玛蒂尔达”（Mathilde de Flandre）为妻。几年之后，为了表现对教会的悔过之意，于1059年在顾问同时也是修道院院长的建议协调下，这对夫妻各自在城堡外的郊区修建起一座修道院以示赎罪。

1063年兴建于圣艾蒂安修道院（Abbaye Saint-Etienne）上的男子修道院是献给圣史蒂芬（Saint Stephen）的礼物，不但是诺曼底最著名的罗马式建筑之一，更连同一旁的圣艾蒂安修道院附属教堂（Abbatiale Saint-Etienne），成为如今卡昂市政厅的所在地，两者增添于1120年的肋拱是法国的首例。与男子修道院出现于同一时期的女子修道院，位于城堡的另一侧，同样拥有修道院与附属教堂、献给圣三一（Sainte Trinité）的它，同时也是皇后玛蒂尔达死后下葬的地方。值得一提的是，圣三一修道院附属教堂（Abbatiale Sainte-Trinité）堪称诺曼底罗马艺术的杰作，以简朴的装饰令人印象深刻，并且拥有极佳的采光。如今是下诺曼底地区议会（Conseil Régional de Basse-Normandie）所在的修道院，从18世纪开始到法国大革命以前，都是道明会修女的静修处，后来一度成为军队驻扎处、医院和济贫院，1963年时被下诺曼底议会买下，经过几年的整修，女子修道院有了今日优雅的面貌。

摄影 / 曹馥兰

DATA 男子修道院 地 H tel de Ville 电 02 31 30 42 81 时 每天8:30~12:30、13:30~19:00，周日与假日下午延至14:30开放 网 www.ville-caen.fr/Memoire/Patrimoine/AbbayeHommes 女子修道院 地 Abbaye aux Dames 电 02 31 06 98 98 时 每天14:00~17:30 网 www.cr-basse-normandie.fr/crbn/vf/consreg/abbaye/aufildutemps/accueil.html

不可不知

圣艾蒂安修道院附属教堂

教堂的外观与主殿呈现令人印象深刻的法国罗马式艺术，出自于意大利设计师之手的它，却成为诺曼底征服者在英国土地上兴建修道院与大教堂的范本，教堂中央存放着“征服者威廉”的石棺，这位创立者的遗骸于1562年时为胡格诺派（Huguenots）教徒随意四散。至于石头打造而成的圣艾蒂安修道院，则巧妙融合了罗马与哥特式风格，属于道明会的象征之一，曾经当做高中、避难所和医院使用的它，18世纪时经过重建，铺设了浅色的橡木护壁，并装饰有关17~19世纪的画作，如今依旧可以透过回廊、食堂和楼梯等建筑，辨认出这里曾是修士活动的场所。

摄影 / 曹馥兰

赏 城堡 Château

欧洲最宽广的防御性围墙

map P109 B1

吉隆姆公爵（即征服者威廉）1060年时在这座山丘上兴建了一座用来保护皇宫的城堡，让这座11世纪初的市集小镇，跃升为宫廷所在地，野心勃勃的他曾在这一道道严密的围墙后方，与他的追随者共谋驱逐英国叛徒Harold的大计。而1066年的胜利，让他成为了未来的英国国王。

卡昂城堡曾经是西欧最大的中世纪堡垒，并始终保留着诺曼人的战略与政治本质。1120年时兴建的“棋盘厅”（Salle de l'Échiquie）是吉隆姆开始到狮心王理查德等公爵国王举办盛大宴会的场所；1182年的圣诞节，亨利二世和王子们在此接见了1000位骑士。1210年时，已纳入法国领土的城堡兴建了一道拥有四座圆塔的围墙；到了百年战争时，成为英法两国角力舞台的卡昂，分别于1346年、1417年与1450年在城堡中签下多次协议；而弗朗索瓦一世与亨利四世等国王的入住，更是让城堡盛极一时。然而，随着时代演进逐渐为当地居民忽略的它，在第二次世界大战末期成为军营，并在1944年的大轰炸中严重损坏中世纪围墙，但在考古学家的努力下，这座城堡于1963年时以诺曼底博物馆（Musée de Normandie）之姿，重新出现于人们眼前，并在7年后接连开幕另一座卡昂美术馆（Musée des Beaux-Arts de Caen）。在诺曼底博物馆的永久展出中，可以认识诺曼底从史前时代以来的历史，以及当地的服装、传统、艺术与工业，等等。卡昂美术馆则收集了15~20世纪欧洲各国的艺术作品。

目前城堡正进行整修工程，预计于2012年完工，届时可以看见新的展览厅、一条位于城墙上的环状道路，以及一座炮台。

DATA 城堡 地 Le Château, Caen 电 02 31 27 14 14 网 www.chateau.caen.fr 诺曼底博物馆 电 02 31 30 47 60 时 周三至周一9:30~18:00 网 www.musee-de-normandie.caen.fr 卡昂美术馆 时 每天9:30~18:00，1月1日、复活节、5月1日、耶稣升天节、11月1日、12月25日公休

摄影 / 曹馥兰

★潮汐间隐现的山城

Mont Saint-Michel
圣米歇尔山

城市速写

这座位于法国西北边，受到欧洲最汹涌的潮汐侵袭的小岛，以它独特的地理位置、壮丽的奇景，注定了不平凡的命运。709年时，相传大天使米歇尔（即米迦勒）托梦，要求Avranches主教奥贝（Auber）在此兴建第一座礼拜堂；两个半世纪后，诺曼底公爵下令在这座峭壁上，建立一座本笃会修道院，使得此地在第一个千禧年之前，已经耸立了一座前罗马式教堂，并随着时代演进，不断扩建成今日的规模。到了14~15世纪，由于英法百年战争，修道院不得不增设军事设施以对抗外来侵略，战略地位也随之提高。到了法国大革命与帝政时期，这里甚至一度成为监狱。1870年，在增建了与陆地相连的道路之后，圣米歇尔山不再因涨潮的隔绝而需乘船前往；1979年，圣米歇尔山被联合国教科文组织列入世界遗产名录，受到世人瞩目。

如何前往

● 火车

从巴黎蒙帕纳斯车站搭往雷恩的TGV火车（约2小时车程），后转搭前往圣米歇尔山的巴士，约2小时车程抵达。

● 旅游服务中心

地址：BP 4, 50170 Le Mont Saint-Michel

电话：02 33 60 14 30

网址：www.ot-montsaintmichel.com/accueil.htm

Information

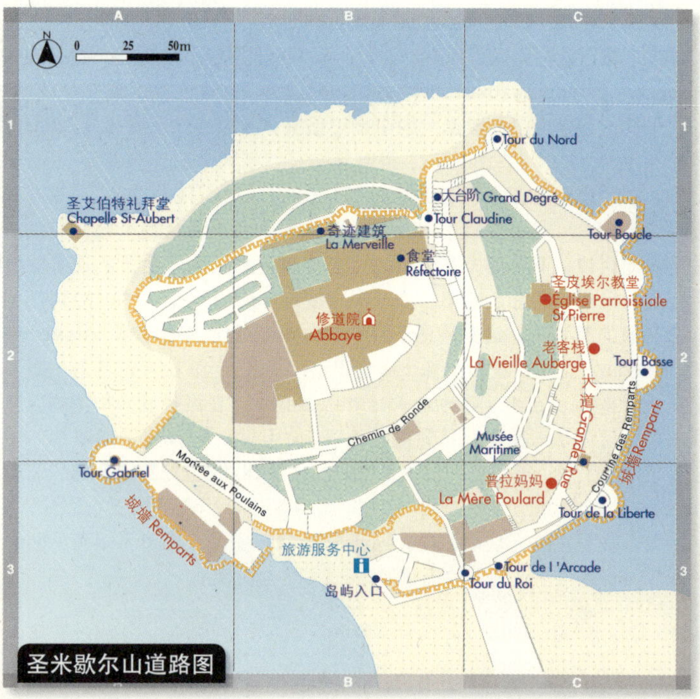

圣米歇尔山道路图

赏 修道院 Abbaye

居高临下的基督教圣地

map P112 B2

很难想象一座小岛却因一处景点而成为世界上最炙手可热的旅游地点之一，然而，我们很难说，究竟是修道院成就了圣米歇尔山，还是圣米歇尔山成就了修道院。

8世纪时，大天使米歇尔的托梦，带来了这座修道院的起源，历经11~16世纪的不断扩建，方才完成了这座中世纪建筑的所有外观：11世纪时，这座罗马教堂兴建于峭壁顶端的一座地下教堂之上，首批修道院建筑群与它的北墙相连接；12世纪增建了西面到南面的部分；到了13世纪，在征服诺曼底的法国国王的捐献下，进行了哥特式修道院“奇迹建筑”（La Merveille）的修建；14~15世纪增设军事工事，教堂的唱诗班席位也在这时换上了火焰哥特式的风格。

从朝圣大道的尽头进入修道院位于顶层的入口，爬上大台阶（Grand Degré），可以看见突出于入口上方的小堡垒。最引人注目的“奇迹建筑”（La Merveille），由环绕着回廊与食堂的两栋三层建筑组成，底层主要用来接待过去贫穷的朝圣者，因此设置了储物室和施赈房，中层属于贵族的活动空间，有着招待贵族的会客厅，以及修士阅读、抄写圣书的骑士厅，在充满火焰哥特式装饰风格中，可以欣赏到高起的穹顶与交错的圆拱，融入罗马式的建筑主体里。至于位于顶层的13世纪隐修院，过去是专供修士日常冥想、交谈的主要生活场所，环绕着露天花园的回廊，由两列装饰着玫瑰花饰等浮雕的廊柱相互交错，空间优美宁静。

位于南侧的食堂（Réfectoire）有着一扇扇狭窄的窗洞，和宽阔的空间形成强烈的对比，过去修士伴随着诵读圣经的声音边在此默默用餐。另外，在西面还有一座地下前罗马式圣母教堂（Église Préromane Notre-Dame-sous-Terre），大约兴建于966年的它，出自首批本笃会修士之手，取代了奥贝主教的礼拜堂，却依稀可见当时的遗迹。

DATA 地 Abbaye du Mont-Saint-Michel, BP 22, Le Mont-Saint-Michel 电 02 33 89 80 00 时 5月2日至8月31日9:00~19:00；9月1日至4月30日9:30~18:00；1月1日、5月1日、12月25日公休 网 www.monum.fr

游 大道 Grande Rue

山城中的繁荣闹区　　map P112 C2

这条圣米歇尔山城中唯一的道路，若是三人以上同时通行就得错身而过。大道以城门为起点，穿越博物馆、旅馆、餐厅以及15~16世纪房舍，带领着游客或朝圣者深入这座中世纪城市的核心，一路爬上位于峭壁顶端的修道院。

在这条热闹的大道上，挤满了贩卖布列塔尼与诺曼底各色纪念品的摊贩与商店，包括苹果酒、奶油饼干等，终日人潮汹涌，然而，也可以发现安静的角落，像是位于半山腰上的圣皮埃尔教堂（Église Parroissiale St-Pierre），这座献给渔夫守护圣人的教堂，兴建于15~16世纪间，里头有米歇尔屠龙的雕像。

DATA 地 Grande Rue

DATA 地 Grande Rue，Le Mont Saint-Michel 电 02 33 89 68 68
网 www.mere-poulard.fr

食 普拉妈妈 La Mère Poulard

一尝当地最著名的蛋卷　　map P112 C3

“普拉妈妈”创立于1888年，这间原本提供家常菜的餐厅，在创办人Annette Poulard与米其林二星主厨Michel Bruneau的联手打造下，如今成为一家著名的法式美食餐厅，甚至还主办小型烹饪学校，让游客可以动手学习诺曼底与布列塔尼料理。

普拉妈妈之所以有名，在于Annette年轻时就是一位很有创意的厨师，原本在地方上即享有盛名的她，更因为前来欣赏修道院的旅客在尝过她的手艺后的回乡宣传而声名远播，连带也促使这家餐厅诞生。历经70年的炉火生活，Annette创造出700道充满当地特色的料理，而其中最具代表性的菜色，还是为配合潮汐涨落而求快速填饱旅客肚子好让他们继续赶路的蛋卷，或许这也就是这道虽然朴实却充满妈妈味道的料理并不便宜的原因。

▲蛋卷是圣米歇尔的地方特色菜。

城墙 Remparts

欣赏潮汐的万千变化

map P112 C3

和许多中世纪城市一样，圣米歇尔山环绕着一座坚实的城墙，让这处地位特殊的宗教朝圣地，在英法百年战争时媲美军事要塞。游客可从城门旁位于右侧的通道直接走上城墙，或是从左侧的小花园往海的方向走，当然也可以在参观完修道院之后，边走下通往城墙的道路边欣赏海湾的美景。透过城墙上各个角度的塔楼，可以欣赏到圣米歇尔湾四面八方的景观，若是遇上涨退潮时分，还能欣赏到圣米歇尔山浮于海面或沉于海中的奇妙景象。

不可不知

随潮汐浮沉的圣米歇尔山

这个特殊的现象与地球、月球和太阳的排列有关，当此三者排成一直线时，就会带来大潮，让这座峭壁犹如悬浮于海湾上；相反的，当它们形成直角时，即退成小潮，这座山城也会再度浮现。涨退潮的海面落差虽高达15米，不过，一旦涨潮，只需要4个半小时海水高度就能瞬间攀升。

老客栈 La Vieille Auberge

以修道院为背景的旅馆

map P112 C2

这间融合住宿、餐厅、啤酒屋的二星级旅馆，以它可追溯到16世纪并已被列为历史古迹的建筑，欢迎前往圣米歇尔山的旅客。在它配备卫浴与现代化设备的11间客房里，有8间面向圣米歇尔湾，其中更有4间有着广阔的私人阳台。若是用餐后想稍作休息，位于一楼的啤酒屋拥有面朝海湾的开放式露台座位，在那里，同样可欣赏圣米歇尔湾的风光。

DATA 地 Rue Principale, 50170 Le Mont Saint Michel 电 02 33 60 14 34 网 www.lavieilleauberge-montsaintmichel.com

★历史艺术的百钟之城

Rouen 鲁昂

城市速写

位于塞纳河下游，早在史前时代已有人烟的鲁昂，在罗马人的统治下建立了城市，首批居民定居于塞纳河右岸一片河阶上。虽然距离海岸120公里，仍能感受潮汐的力量，因此这里也是过去河运与海运的转换界线。

昔日为诺曼底公国首都的鲁昂，中世纪时曾是欧洲最大且最繁荣的城市，到了1204年，菲力浦·奥古斯都（Philippe Auguste）将它纳为法国附翼；英法百年战争时，鲁昂却降服于英王亨利五世，更于1431年时成为处决圣女贞德之地，直到1449年才重回法国怀抱。第二次世界大战期间，鲁昂的市容惨遭重创，著名的圣母大教堂几乎被完全炸毁。在战后的积极重建下，现在可见市中心的行人步行区林立着哥特式大教堂与修道院、文艺复兴宅邸与钟楼，以及充满诺曼底风格的木造房屋。

如何前往

● 火车

从巴黎圣拉扎尔车站搭往鲁昂的直达火车，约80分钟可以抵达鲁昂右岸车站（Gare Rouen Rive Droite）。

● 旅游服务中心

地址：25, Place de la Cath é drale, 76000 Rouen

电话：02 32 08 32 40

网址：www.rouentourisme.com

Information

赏

圣女贞德教堂 Église de Jeanne-d'Arc

追寻法国女英雄的圣迹

map P116 A2

摄影／曹馥兰

鲁昂市中心西侧的旧市集广场（Place du Vieux Marché）上，分别耸立着纪念圣女贞德的教堂与博物馆——1431年5月30日当天，这位一心想带领法国迈向胜利之路的少女，却被判以鼓吹异端邪说的巫女身份，在此被活活烧死。而当初深受她帮助的查理七世，一直到从英国人手中夺回鲁昂后，才能为她安排重审。1454年，在蒙受长达将近四分之一世纪的不白之冤后，贞德终于得以洗刷冤屈，并于1920年时被罗马天主教会追封为"圣女"。

如今，在这座重建的广场上，可以看见一栋造型犹如船体龙骨的建筑，落成于1979年的它，是第二次世界大战后利用战时几乎遭炮弹摧毁殆尽的前圣文森特（Saint Vincent）教堂遗迹加以改建而成，用来纪念这位在此殉难的女英雄。建筑师Louis Arretche以巧妙且现代的造型，同时唤起人们对于鲁昂航海时代以及火刑柴堆的记忆；然而，围绕着前教堂幸存的16世纪精致彩绘玻璃而建的内部，却以中央立柱、木头拱顶和鱼形窗保留了教堂的精神。

DATA 圣女贞德教堂 地 Place du Vieux Marché, Rouen 时 教堂每天10:00~12:15、14:00~18:00，周五和周日上午、1月1日、5月1日、11月11日公休。圣女贞德博物馆 电 02 35 88 02 70 时 4月15日至9月15日每天9:30~13:00、13:30~19:00，9月16日至4月14日每天10:00~12:00、14:00~18:30 网 www.jeanne-darc.com

摄影／曹馥兰

赏

大钟 Gros-Horloge

洋溢童话色彩的占星钟

map P116 B3

身为鲁昂的地标之一，这座连接着哥特式钟塔的机械钟，出现于14世纪，然而，一直要到1527年兴建了文艺复兴式拱门之后，它才能从两边都看得到。在它双层的钟面上，只有一根指针指出时间，顶端的圆洞窗显示出月相。拱廊中央的复活节羔羊是鲁昂的市徽，在大钟右边的建筑立面上雕刻着天使的形象，但其中一尊石像却背对着大家，是大钟建造时工人发泄不满情绪的刻意作为。

DATA 地 Rue du Gros-Horloge

顺 道 一 游

圣女贞德博物馆 Musée de Jeanne-d'Arc

教堂斜对面的圣女贞德博物馆，隐藏于一座覆盖着拱顶的罗马式地窖中，在这个收集了与贞德相关的书籍、版画、城堡与广场模型、重制盔甲与旗帜的空间里，可以了解她从诞生于Domrémy到死于鲁昂的短暂一生。而在蜡像展览室（Galerie de Cire）中，更通过50多名人物，来叙述这位少女19年以来的真实故事。

赏 圣母大教堂 Cathédrale Notre-Dame

火焰哥特式的巅峰之作

map P116 B3

摄影 / 曹馥兰

印象派大师莫奈在不同光线的照射下，描绘出了这座大教堂各个季节与时间的美，使得这座拥有全法国最高铸铁尖顶建筑的轮廓，深植于世界各地众人的脑海之中。

大教堂的前身出现于12世纪，当时的主教希望拥有一座石头打造的大教堂，这座哥特式教堂的历史由此展开。然而1200年时的一场大火，烧毁了罗马式唱诗班席位，但教堂仍继续赶工修建，终于在1250年落成。之后，历经3个世纪的装饰与美化，圣母大教堂逐渐出现今日的样貌，尽管饱受无情的宗教战争、法国大革命以及第二次世界大战的摧残，也一直处于重建与整修的状态，然而，它繁复且壮丽的火焰哥特式建筑立面、高塔与尖顶，却一直都是艺术家的灵感来源。和大部分诺曼底教堂一样，圣母大教堂拥有一座十字翼廊和顶塔，彩绘玻璃描述着13世纪至今的历史。夏季时，大教堂前的广场上还有灯光投影表演，让人得以感受不同的色彩如何牵动着莫奈的心。

DATA 地 Cathédrale Notre-Dame, Rouen 时 4月1日至10月30日周一14:00~19:00、周二至周六7:30~19:00、周日及假日8:00~18:00；11月1日至3月30日周一14:00~19:00，周二至周六7:30~12:00、14:00~18:00，周日及假日8:00~18:00 网 www.cathedrale-rouen.net

摄影 / 曹馥兰

赏 圣马克卢教堂 Église St-Maclou

五道门廊组成的壮观景象

map P116 C2

兴建于1437年的圣马克卢教堂，原本是一座献给圣马克卢的礼拜堂，由于不幸烧毁于13世纪，因此以这座至今立面上仍保存最初结构的建筑取代。一连串三角形的角锥状线条和圆拱，构成圣马克卢教堂外观上最大的特色，它被认为是火焰哥特式艺术与历史的最纯粹的范例之一。木雕年代上溯到16世纪中叶的大门、高85米的新哥特式尖塔、15~16世纪的彩绘玻璃、火焰哥特式的阶梯、18世纪的拱门……都是这座教堂的特色。

另外，在教堂旁有一群木造回廊建筑——圣马克卢墓地（Aître Saint-Maclou）。那是因为1348年鼠疫造成鲁昂死伤无数，而在此挖掘的一片新墓园，并将死者全数埋在一个大壕沟中。当时出现于1526~1533年间围绕墓地四周的建筑，于18世纪时改建，如今已是美术学校所在地。

DATA 地 Place St-Maclou, Rouen 电 02 35 71 71 72 时 教堂周一至周六10:00~17:00、周日10:30~17:30，1月1日、1月5日、8月5日、7月14日、11月11日公休；美术学院3月15日至10月31日每天8:00~20:00、11月1日至3月14日每天8:00~19:00

★历史上的海盗之乡

St-Malo 圣马洛

城市速写

夏日的徐徐海风、美味的生猛海鲜，让这座被城墙紧紧包围着的布列塔尼城市，每每涌入超过当地5万居民10倍以上的观光人潮。

位于法国北部和英吉利海峡（English Channel）上的圣马洛，在中世纪时是朗斯（Rance）河口的要塞岛屿，不仅控制着海湾，也操控着更远方开阔的海域。6世纪时，这里是两位圣人创立的修道院聚落；在12世纪成为城市以前，这里只不过是一座岩石小岛，但三面环海的特殊地形，让它在13世纪时成为凶猛海盗的大本营，恶名昭彰的海盗不但向往来海峡的英国船只收取贡品，更从远方搜刮财物，这群从不受人管束的人，甚至在16世纪末期宣称他们是独立自主的国家长达4年之久，直到19世纪这些海盗才逐渐销声匿迹。

如何前往

● 火车

从巴黎蒙帕纳斯车站搭往雷恩（Rennes）的TGV火车，车程约2小时，在雷恩转搭约1小时火车于圣马洛车站（Gare St-Malo）下车。

● 旅游服务中心

地址：Esplanade St-Vincent, 35400 Saint-Malo

电话：08 25 13 52 00

网址：www.saint-malo-tourisme.com

Information

圣马洛道路图

赏 历史博物馆 Musée d'Histoire de la Ville

尽诉圣马洛的海洋历史

map P119 C1

位于要塞的城堡主塔内，这座1950年经过整修的历史古迹，摇身一变成为当地的历史博物馆，1988年时，再度增设三个陈列室，使得如今博物馆的面积延伸至两座塔楼与小主塔。

这里是认识圣马洛独特历史与伟大的航海人物或知识分子的最佳起点，透过历史背景、船舶模型与相关数据的介绍，可以知道16世纪时探险家雅克·卡地亚（Jacques Cartier）发现的加拿大“新世界”、17世纪时国王何以特许海盗合法化、19世纪时又如何培育出夏多布利昂（Chateaubriand）和拉梅内（Lamennais）这些知名文人作家等，各段从城市创立到1944年后重建的所有重要历程。此外，博物馆中还有一座兴建于1424年的瞭望塔，高35米，是欣赏旧市区与壮丽海景的好地方。

DATA 地 Esplanade Félicité Lamennais, Château , Saint-Malo 电 02 99 40 71 57 时 4月1日至9月30日每天10:00~12:00、14:00~18:00；其他时间周二至周日10:00~12:00、14:00~18:00；5月1日以及假日公休 网 www.ville-saint-malo.fr/decouvrir/musee-histoire.html

游 城墙 Remparts

圣马洛的360° 全景

map P119 A1-B1

兴建于12世纪，历经将近600年的时间才完工的圣马洛城墙，包围着昔日圣马洛船主们的房舍，由大门（Grande Porte）展开旅程，沿途会经过圣路易、圣菲利浦和荷兰三座棱堡，以及一座称为比道尼（Bidouane）的高塔，登上塔顶，可以眺望沿岸的港岛（Ile de Harbour）以及大、小贝岛（Grand Bé et Petit Bé），甚至更远处的塞占柏岛（Ile de Cézembre）。继续前进，在圣文森特港（Porte de St-Vincent）附近，还可以欣赏到17世纪知名要塞设计师沃邦（Vauban）设计的“国家要塞”（Fort National），犹如一艘花岗岩军舰漂浮于海上。

★香槟区中的王者之城

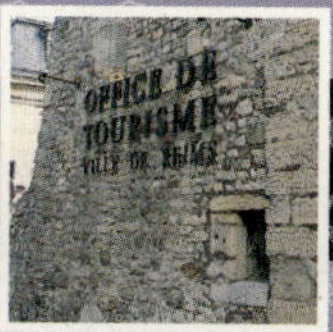

Reims 兰斯

城市速写

距离巴黎东北方142公里、人口不过14万的兰斯，在公元前57年已是一座受到罗马保护的村庄；4年后，恺撒大帝于当时称为Durocortorum的兰斯，召开高卢城市代表大会，到了公元前16~前13年，它成为比利时外省统治者的居住地。然而，让兰斯成为法国历史上的重要城市，是因在498年的圣诞夜，克洛维一世在此接受主教雷米（Remi）的洗礼。这位建立法兰克王朝的国王，让天主教与法国皇室紧密结合，更建立了11世纪后每位国王都必须在此加冕的传统。

尽管兰斯是座历史悠久的老城，但市中心的建筑多具现代面貌，这都归因于第二次世界大战期间，德军的装甲车进驻兰斯，在历经战火洗礼后，许多历史建筑纷纷受损，直到1945年德军在此向艾森豪威尔将军签下投降条约，这座城市才得以重获平静。

如何前往

- **火车**
  从巴黎东站搭往兰斯的火车，约90分钟可以抵达兰斯车站（Gare Reims）。
- **旅游服务中心**
  地址：2, Rue Guillaume de Machault, 51100 Reims
  电话：03 26 77 45 00
  网址：www.reims-tourisme.com

Information

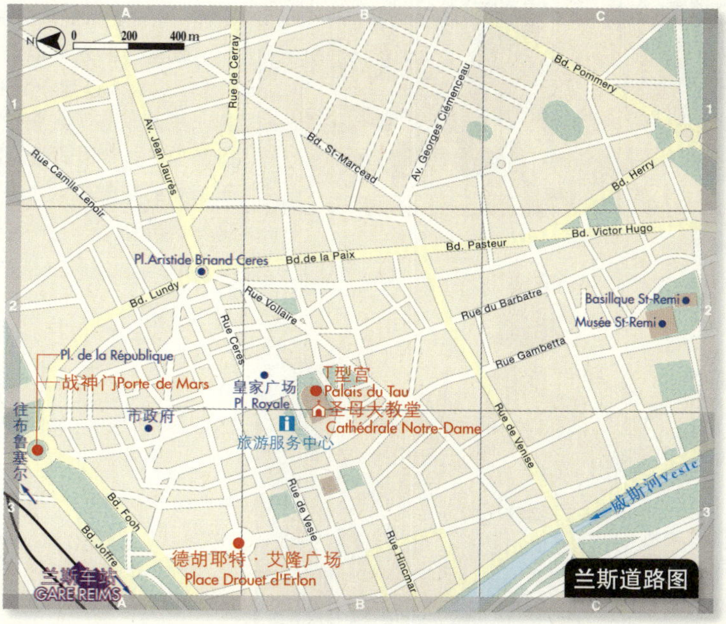

兰斯道路图

赏 圣母大教堂与T型宫 Cathédrale Notre-Dame et Palais du Tau

历代国王的加冕殿堂

map P121 B2-B3

1210年5月，原本矗立于今日这座哥特式大教堂土地上、历史可上溯至401年的前教堂，因为一场大火而与兰斯城中大部分的建筑一起化为灰烬，于是，隔年即展开圣母大教堂的兴建工作。在大主教Aubry de Humbert的指示下，人们开始在地基上兴建新墙，但因为土地取得困难，这位大主教便让出了他自己的一大块土地以兴建这座大教堂。大量的资金，让早期工程进度神速，短短的10年之间，皇家礼拜堂以及通往礼拜堂的回廊便已落成使用，唱诗班席位、十字翼廊以及双侧道也部分完工。不过，后来因为居民与教会管理者对教堂的结构意见分歧而严重对立，工程停滞，甚至必须教宗前来协调才使得工程得以继续。新的教堂外观于1245年落成，足足比当时还耸立着的旧外观高出20米，两座塔楼完工于15世纪上半叶，然而，第一次世界大战期间遭受战火洗礼的它，历经20年的时间才修复还原16世纪初的面貌。

这座为了纪念克洛维一世在此洗礼而建的大教堂，已被列为世界遗产，其西面正门献给圣母玛利亚，叙述她的一生与荣耀；至于深受欢迎的微笑天使雕像，则位于北侧门上；北面正门献给各个圣人，其中包括圣雷米与克洛维。彩绘玻璃与玫瑰窗是教堂内最主要的装饰，最内侧礼拜堂的彩绘玻璃出自夏卡尔之手，而描绘香槟制造过程的彩绘玻璃，则是为了纪念香槟业者的出资修复，至于玫瑰窗上的国王回廊，更装饰着在此加冕的国王群雕。

教堂内部还可以前往耸立于教堂旁的大主教宅邸——T型宫，这栋兴建于1690年的建筑，如今已被规划为博物馆，里面收藏了大教堂中的作品，包括挂毯、雕像、圣器以及加冕典礼中的相关物品，其中有一间“T型厅”，在国王加冕典礼时当做晋见与庆祝宴会的场所使用。

DATA 地 Place du Cardinal Luçon 电 03 26 47 55 34；T型宫03 26 47 81 79 时 大教堂每天7:30~19:30。T型宫5月6日至9月8日周二至周日9:30~18:30；9月9日至5月5日周二至周日9:30~12:30、14:00~17:30；1月1日、5月1日、11月1日、11月11日、12月25日公休 网 大教堂www.cathedrale-reims.com；T型宫www.palais-du-tau.com/fr

战神门 Porte de Mars

历史古老的罗马城门

map P121 A3

这座年代可上溯到公元3世纪上半叶的城门，是当年罗马世界中最宽的拱门，长32米、高13米，以当时附近的战神庙加以命名。拥有三道拱门的它，至今仍旧可以看见外部高处以及顶棚上的雕刻：罗马建城者罗慕路斯（Romulus）与莱姆斯（Remus）、农活以及天鹅，等等。当地传说兰斯的居民修建这道拱门是为了感激罗马人将主要道路设在经过本城的地方，一直到1544年以前，它都被当成城门使用。19世纪初，因为周遭的建筑都被移除，才让战神门得以毫无遮蔽地出现在众人面前。

DATA 地 Place de la Réublique, 51100 Reims

德胡耶特 · 艾隆广场 Place Drouet d'Erlon

热闹的日常生活圆环

map P121 A3-B3

这座献给艾隆伯爵的广场，是兰斯最生气勃勃的地方，餐厅、纪念品店与旅馆沿着附近街道延伸林立，热闹的景象从早到晚不散；然而，这里却也是过去执行死刑的地方。1903年，广场进行全面的整修，在移走艾隆的雕像后，兴建了一条长20千米的中央主要大道，并且在每条人行道上种满成排的树。

广场中央耸立着一座引人注目的舒贝喷泉（La Fontaine Subé），用来纪念死于1899年的阿夫烈德 · 舒贝（Alfred Subé），这件从85件参赛作品中脱颖而出的建筑，出自建筑师安德烈 · 纳祖（André Narjoux）之手，首块基石奠定于1904年，立柱顶端青铜打造的胜利女神曾被德军拆下，直到1989年时才重新安置。下方四个角落分别点缀着以拟人化方式象征的灌溉此区河流的四大源头。

DATA 地 Place Drouet d'Erlon, Rerims

★洋溢中古氛围的小镇

Colmar
科尔马

城市速写

邻近德国，位于阿尔萨斯省上莱茵河区域的科尔马，早在新石器时代已开始发展，这处深受历代国王喜爱的地方，创建于9世纪，1226年，在神圣罗马帝国的统治下，成为一座自由皇城，哈布斯堡王朝更赋予它公民权。16世纪时的农民战争，为科尔马带来混乱，但也带来了改革的声浪。

历史上，科尔马曾经多次脱离法国，三十年战争期间，这座城市被瑞典军队占领长达两年；1648年，又因在Westphalia签订的条约，法国人民被迫迁离，直到1697年它才再度成为法国皇城。到了1871年，因为普法战争失利，科尔马与其他阿尔萨斯城市一同被割让给德国，直到第一次世界大战后才又重回法国的怀抱。科尔马的命运看似颠沛流离，然而它却是阿尔萨斯少数免除战争灾难的城市，也因此，旧城市中心仍保留了许多古老的建筑，使它充满怀旧的优雅情调。

如 何 前 往

- 火车

  从巴黎东站搭往斯特拉斯堡的快速火车（约4小时），后转搭往Basel或Mulhouse的火车，约30分钟后可以抵达Colmar车站。

- 旅游服务中心

  地址：4, Rue Unterlinden, 68000 Colmar

  电话：03 89 20 68 92

  网址：www.ot-colmar.fr

Information

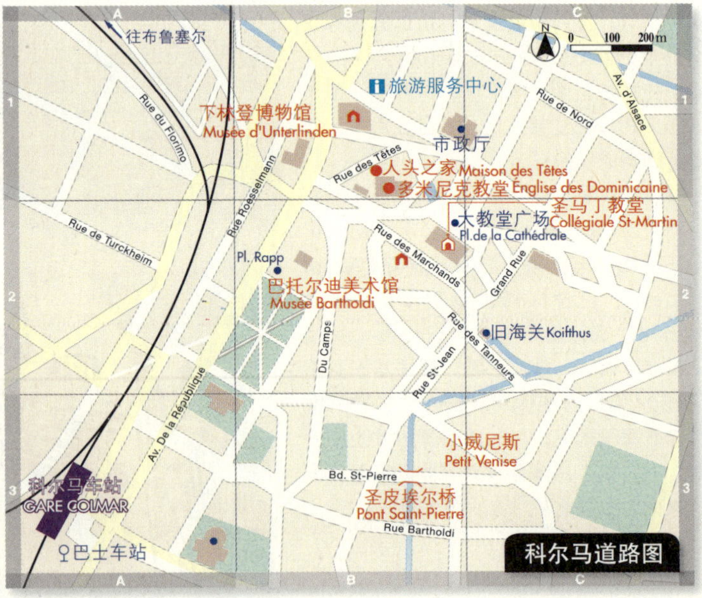

科尔马道路图

赏 下林登博物馆 Musée d'Unterlinden

阿尔萨斯的艺术天堂

map P124 B1

哥特式的优雅回廊围绕着绿草如茵的露天庭园，这座位于昔日创立于13世纪的“下林登多米尼克修道院”（Couvent des Dominicaines d' Unterlinden）中的博物馆，有着传奇的独特历史。从法国大革命开始，由于这间修道院遭到弃置，于是成立于1847年的Schongauer协会，便决定将这处过往莱茵河神秘主义的圣地改建成博物馆，用来收藏莱茵区的罗马镶嵌画，以及中世纪和文艺复兴时期的绘画与雕刻等革命性作品。

在众多的展览品中，有一件让下林登博物馆闻名于世的镇馆之宝，就是出自德国画家格吕内瓦尔德（Matthias Grünewald）之手的《伊森海恩祭坛画》（Le Retable d'Issenheim），这位以镶板彩绘闻名的画家，与擅长雕刻的海格纳（Nicolas de Haguenau）并列为哥特时期晚期最伟大的大师。祭坛画位于礼拜堂中，由多片彩绘镶板组成，连接着一个中央箱柜，这件原本装饰着科尔马南方小镇伊森海恩的安东尼教堂主祭坛的作品，为的正是要献给圣人安东尼。

除此之外，馆中还收藏了莱茵河早期艺术绘画作品，像是Jost Haller的《耶稣受难像》（Les Crucifixions），以及科尔马当地画家Martin Schongauer的祭坛画和版画等。在木雕与石雕方面，著名作品包括《圣母与圣婴》（Vierges à l Enfant）、《殉道者圣凯瑟琳》（Martyre de Sainte Catherine），以及《痛苦的男人》（L Homme de Douleurs）。

近年来，博物馆也持续增加馆藏，目前馆内还有前卫画风的现代艺术品收藏、大众艺术作品以及阿尔萨斯装饰艺术品。

DATA 地1, Rue d'Unterlinden, Colmar 电03 89 20 15 50 时5月至10月每天9:00~18:00；11月至4月周三至周日9:00~12:00、14:00~17:00；1月1日、5月1日、11月1日、12月25日公休 网www.musee-unterlinden.com

小威尼斯 Petit Venise

梦幻如童话的运河

map P124 B3-C3

成排阿尔萨斯风格的迷人木造房舍，在蜿蜒的河流中倒映出同样缤纷的外墙色彩，这片位于科尔马旧市区东南方的区域，是当地最具人气的景点，气氛绝佳的旅馆与餐厅，更加丰富了此区的热闹景象。如果不是现今存留的昔日码头，很难令人联想到这里曾是渔夫聚集的地方，事实上，一直到20世纪上半叶，这里都还是渔夫撒网捕鱼的地方，鱼贩同业公会在科尔马还曾具有极大的影响力。伴随Lauch河而建的鱼贩码头（Quai de la Poissonnerie）与圣皮耶桥（Pont Saint-Pierre）是两处欣赏小威尼斯的最佳角落，你可以看见装饰着花卉的平底船行驶而过，让人感觉仿佛来到迷你版的水都威尼斯一般浪漫。

DATA 地 Place de la Réublique, Reims

圣马丁教堂 Collégiale St-Martin

哥特式建筑的典范

map P124 B2

以管风琴著称的圣马丁教堂，被当地人昵称为“大教堂”，是科尔马古老哥特式建筑中最引人注目的一座。兴建于13~14世纪间，位于旧市区中的它显得异常宏伟，这里曾是两次世界大战期间重要文艺活动的举办场所。原本计划兴建两座高塔，如今只有南面落成的塔楼俯视着一旁咖啡馆林立的广场，并曾于1572年遭到烧毁，今日的面貌是以文艺复兴风格加以重建的。教堂外观装饰着许多令人印象深刻的雕像，特别是入口处的“最后审判”；内部则有多座礼拜堂、哥特式窗饰的彩绘玻璃窗以及壮丽的哥特式主殿，优美的唱诗班席位也相当值得一看。

DATA 地 Place de la Cathédrale 时 08:301~8:30；周二、周四延长开放时间至19:30；周日上午公休

赏 巴托尔迪美术馆 Musée Bartholdi

认识19世纪伟大雕塑家的世界

map P124 B2

自由女神的名声远播至大西洋，然而，却很少有人知道原创雕塑家巴托尔迪其实出生于科尔马这座位于阿尔萨斯的小镇。这间由他故居改建而成的博物馆里，收藏了这位艺术家最丰富的作品，包括雕像、草图、素描、绘画、照片等，甚至他的家具与回忆。

在巴托尔迪过世3年后，其遗孀将他们这栋年代回溯到18世纪的故居捐给当地市政府，希望在她过世后可用来收藏巴托尔迪位于巴黎工作室中的各类家具、雕塑或建筑作品、绘画、版画等艺术作品。1914年，巴托尔迪的遗孀过世，博物馆于8年后正式开幕。除了各项主题展览外，在馆中还有一整间展览他最重要的作品——《自由女神》（La Statue de la Liberté）的陈列室，透过草图、素描和模型，让参观者一步步了解这件闻名世界的作品每个阶段的诞生过程。

DATA 地 30, Rue des Marchands, 68000 Colmar 电 03 89 41 90 60 时 3月至12月周三至周一10:00~12:00、14:00~18:00；5月1日、11月1日、12月25日公休 网 www.musee-bartholdi.com

宿 人头之家 Maison des Têtes

名宅改建的餐厅旅馆

map P124 B1

这栋兴建于1609年的德国文艺复兴式建筑，是17世纪著名商人博格（Anton Burger）的故居，他在重建这座传自父亲手中的建筑时，于立面上装饰了家族徽章以及150个人头与奇特面具，因而被当地人称为“人头之家”。在建筑的山墙上，还耸立着一尊出自巴托尔迪之手，代表箍桶匠的雕像。如今这栋当地著名的建筑，已成为一间拥有18间客房的旅馆和餐厅，洋溢着古典且优雅的气氛。

DATA 地 19, Rue des Têtes, Colmar, Alsace 68000 电 03 89 24 43 43 网 www.la-maison-des-tetes.com/home_us.html

赏 多米尼克教堂 Énglise des Dominicaine

内藏精致装饰的圣堂

map P124 B1

从科尔马旅游服务中心徒步约3分钟即可抵达多米尼克教堂。乍看之下，受到岁月刻画的外观并不特别亮眼，而它吸引游客前来造访的主要原因，是一幅位于教堂内部的壁画——《蔷薇圣母》，除了画面生动细腻，更以黄金装饰，十分耀眼华丽，与教堂朴实无华的石材建筑外观形成强烈对比。

DATA 电 03 89 24 46 57 时 10:00~13:00、15:00~18:00，1月至3月下旬不开放 票 1.3欧元

Part 5
主题线路

美丽的沙滩、壮观的冰河、迷人的小镇、奢华的城堡、芬芳的酒乡、历史的遗产……地理位置得天独厚的法国，糅合了千百年来的悠久历史，造就了形色各异的风光：可以徜徉蔚蓝海岸的碧海蓝天，醉心普罗旺斯的淳朴山城，聆听卢瓦尔河的城堡韵事，重返罗马时代的帝国豪情；也可以流连酒乡的甘醇美好，深入布列塔尼与诺曼底的原始粗犷。现在，就由你决定法国该是什么面貌！

★重返罗马帝国的豪情

罗马风情小镇之旅

▲匀称优美、设计精巧的嘉德水道桥，今日看来仍令人称奇。

今日以成片紫色薰衣草花海印象席卷全球的普罗旺斯（Provence），因为罗马时代将其设为“罗马行政区”（Provincia）而获得发展，当时这块北达阿尔卑斯山、南抵比利牛斯山的区域，几乎囊括了整个法国南部，在此兴建城市、港口与公路的罗马人，为这个“小意大利”带来了长达5个世纪的繁荣。

尽管413年之后，曾经受到蛮族入侵、普罗旺斯王国诞生、成为神圣罗马帝国领地以及法国统治的变迁，普罗旺斯依旧保留了当时罗马行政区时期的名称，并拥有无数被联合国教科文组织列为世界遗产的珍贵罗马遗址。透过这一处处或颓圮、或完整、或修复的古迹，令人很难不对那个充满神话与传奇人物的年代产生无穷想象：上演着角斗士与野兽血腥争斗的竞技场、表演着一出出悲喜剧的古代剧场、自远方引来不绝水源的水道桥……从这些被千年阳光照耀得闪闪发光的建筑遗迹，不难想象当年罗马帝国的繁荣兴盛。

不可不知

位于普罗旺斯地区的世界遗产

《世界遗产条约》是由联合国教科文组织（UNESCO）公布的国际条约，选定的名单包括文化遗产与自然遗产，目的是以国际性与全人类的力量保护这些珍贵史迹，而在法国普罗旺斯地区就有四处：

★奥朗日（Orange）的古代剧场（Théâtre Antique）与其周边、凯旋门（Arc de Triomphe），1981年登录，见P132。

★阿尔勒（Arles）的罗马遗迹与罗马式样建筑，1981年登录，见P135。

★古罗马人兴建的加尔高架渠桥（Pont du Gard），1985年登录，见P133。

★阿维尼翁（Avignon）历史区，1995年登录，见P86。

交通资讯

法国国铁在南法的线路网络相当密集，想要一次畅游此区四个景点，最好的方式就是搭乘火车，不妨依照地理位置由上往下玩，从巴黎到奥朗日搭TGV火车约3小时15分钟车程，奥朗日到尼姆搭快速火车车程约70分钟（须在阿维尼翁换车），尼姆到阿尔勒搭快速火车约25分钟。加尔高架渠桥位于奥朗日到尼姆之间，最好的方式是搭乘当地巴士前往Remoulins，再步行大约15分钟的时间即可抵达，从阿维尼翁或是尼姆过去都需要大约40分钟的车程。

◆法国国铁网址：www.voyages-sncf.com

建议线路

巴黎 → 奥朗日 → 尼姆 → 阿尔勒

- 巴黎 → 奥朗日：TGV火车 3小时15分钟
- 奥朗日 → 尼姆：火车70分钟
- 尼姆 → 阿尔勒：火车25分钟
- 由尼姆搭往Vers方向的巴士于Auberge Blanche下车；由阿维尼翁搭往Uzés、Alès方向的巴士于Auberge Blanche下车 → 加尔高架渠桥

Information

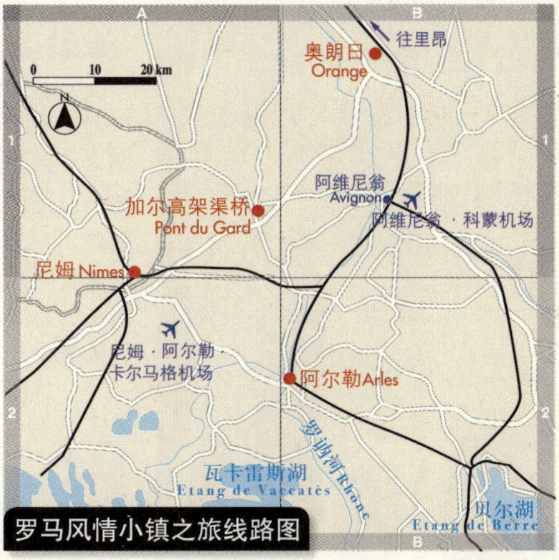

罗马风情小镇之旅线路图

★罗马古道的中途站

奥朗日 Orange

罗马帝国时期，曾在普罗旺斯开辟了多条大道，如今只剩下三条能寻得其踪迹，而奥朗日正位于连接里昂与阿尔勒之间的阿格里帕大道（Via Agrippa）上。公元前46年时，因为恺撒大帝打败高卢人，奥朗日被提升为第二军团战士的屯垦区，11年之后，正式由古罗马兵团创立为罗马殖民地，然而，因为西哥特人一连串的攻击与外族入侵，如今这座城市只剩下凯旋门（Arc de Triomphe）和古代剧场（Théâtre Antique）这两座较完整的罗马遗迹。

备受战火侵扰的罗马屯垦区

早期的奥朗日每逢被占领，就被摧毁一次，因此几乎没有留下什么伟大的建筑。到了罗马帝国时期，这里开始展开都市建设计划，除了多次翻新献给皇帝的宗教圣地外，位于城北的凯旋门也是其中一大建设。矗立于阿格里帕大道上的它兴建于公元前26~前21年，为罗马行政区的艺术代表，让每个经过的人都无法忽略这壮观的模样，并引导众人的目光从凯旋门一路延伸到山丘上的建筑、神庙与秀丽的风光。这座以当地石灰岩为材质的建筑，共由三道拱门组成，前后立面各有四根科林斯柱、一座三角楣与双层顶层，不同主题的雕刻装饰都与军事或战争有关，强调罗马不可一世的强权，但除了用来表彰那些创立罗马殖民地的功臣之外，它也是生死世界的象征界线，因为阿格里帕大道两旁曾延伸着大型墓园。

深受太阳王赞誉的剧场

通过凯旋门继续沿着大道前进，就会抵达古代剧场，这座全世界保存最完善的罗马剧场，兴建于公元前1世纪，具备拉丁剧场的所有构成元素：半圆形的阶梯座位、侧边通道等，舞台墙更曾获得路易十四的赞许，称之为“我国境内最优美的古墙”，长103米、高37米，中央耸立着奥古斯都的雕像，上方遮蔽着屋顶，与后方的长廊之间形成表演者的化妆室。1869年开始，每年夏天都会在此举办称为“Chorégies”的戏剧音乐节，可容纳9000人的舞台，也总是座无虚席。

DATA
奥朗日旅游服务中心
地 5, Cours Aristide Briand, Orange
电 04 90 34 70 88 网 www.otorange.fr

★享誉世界的水利工程

加尔高架渠桥 Pont du Gard

这座建于1世纪、跨越加尔河（Gardon）的宏伟建筑，让哲学家卢梭深感自己的渺小，并为自己不是罗马人而感到遗憾。

全长50公里的加尔高架渠桥，克服了群山、深谷等艰险地形，将位于尤赛斯（Uzès）附近的厄尔（Eure）河水引到尼姆，在当时，尼姆是罗马行政区中非常重要的城市，恺撒与奥古斯都大帝都纷纷为它修筑城墙与各色纪念建筑，但水源不足始终困扰着当地居民，于是才展开历经近15年的高架渠桥修建工程，其中仅加尔高架渠桥，就大约用掉了5年的时间。

结合引水与交通的伟大建筑

加尔高架渠桥的建材取自加尔河左岸的石灰岩，这种石材易于切割、不畏严寒且会随时间而变得愈加坚固，而共耗费5万多吨石材的它，足足提供了长达5个世纪的服务。这座宏伟建筑看起来四平八稳，但事实上为了调整尼姆和尤赛斯之间12米的平均水位差，这座桥每公里有着近25厘米的微小倾斜度。

高架渠桥共分为三层，建立于河床上方将近49米高的地方，为了方便河流经过，大跨距的底层共拥有6道弧拱，长142米、宽6米、高22米。越往上层，则高架渠桥越长、越窄也越矮，到了真正引水的顶层，则出现35座弧拱，长度更达275米，但宽度比第一层减半的它，就连高度也不到前者的1/3。在它的全盛时期，从尤赛斯引水到尼姆平均需要24~30小时。

不过，由于居民私自变更水流流向并窃取高架渠桥的建材，使它逐渐荒废；到了中世纪，这里已成为步行通道，甚至开始收取通行税；直到1699年，才展开初次的整修工程。18世纪时一度开放通车，如今仅限游客散步其上，由于具有横跨加尔河的美丽景观，每年夏季总吸引无数游人前来。

DATA
加尔高架渠桥旅游服务中心
地 Place des Grands Jours, Remoulins
电 04 66 37 22 34 网 www.ot-pontdugard.com

★位于法国的小罗马

尼姆 Nîmes

摄影 / 林嘉莉

摄影 / 林嘉莉

比起南法的其他小镇，尼姆是最具罗马氛围的城市，随处可见的罗马遗迹，让人能清楚意识到千年以前它在罗马帝国的殖民地中，扮演着何等重要的角色。克尔特人于公元前6世纪定居于此，为后来进驻的罗马兵团打下根基。接下来，由于奥古斯都大帝的特别钟爱，尼姆跃升为一座城市，并且不断扩大。

古今都是最佳活动场地

离开尼姆火车站，圆形竞技场（Amphithéâtre）是最先出现的罗马遗址，它兴建的年代与奥朗日的古代剧场相当，长133米、宽101米、高21米，共分为两层。从外观上，可以清楚看见60道造型优雅的圆拱，34排的阶梯座位，共可容纳23000多名观众。然而，这个曾经举办过各式各样精彩活动的舞台，到了中世纪时却摇身一变成了要塞，之后更为私人住宅、礼拜堂所占据，一直到1809年时，才恢复剧场的原貌。如今，这里不但是各种戏剧音乐的表演场地，更是斗牛、运动以及会议等活动的会场。

充满罗马时代氛围的城市

沿着雨果大道往下走，会来到灵感源自罗马的阿波罗及战神神殿的“方形之屋”（Maison Carrée），它是罗马时代中保存状况最理想的一座神殿，30根圆柱建构出这座长26米、宽15米、高17米的建筑，比例完美且和谐。建立于公元前5世纪的它，脱离了神殿的功用后，自11世纪开始，曾先后被当做执政官的家、马厩、公寓以及教堂，1823年后才成为博物馆，今日的模样是1993年整修后的结果。

从安东尼广场顺着渠道而行，将会看见一座点缀着白色雕像的庭园——喷泉庭园（Jardine de la Fontaine），这里原是尼姆人的圣泉，也曾是储存由加尔高架渠桥引来的水源的蓄水池。中世纪时曾被废弃，后于尼姆的黄金时期（18世纪）再度获得重视，因而修筑了一座美丽的造景庭院，层层阶梯流泄源源泉水，使得这里成为当地居民最爱的散步地点。里头还有一座1739年兴建庭园时发现的雅典娜神庙（Temple de Diane），历史同样追溯到罗马时期，它是一座简单的筒形拱顶主殿，拥有两条侧廊，不过西南面几乎完全颓圮。

DATA
尼姆旅游服务中心
地 6 Rue Auguste，Nîmes
电 04 66 58 38 00 网 www.ot-nimes.fr

摄影 / 林嘉莉

★罗讷河畔的艺术历史城镇

阿尔勒 Arles

位于连接意大利前往西班牙的罗马大道必经之途上，这座因凡·高而声名大噪的城市，早就因为特殊的地理位置，吸引古希腊人前来开发。公元前46年，恺撒大帝在此建立殖民地，继之奥古斯都与君士坦丁大帝也对它施以大力建设，使得阿尔勒成为罗马帝国管辖下一座繁荣且兴盛的城市。

看尽千年岁月的罗马遗迹

古代剧场（Théâtre Antique）与罗马竞技场（l'Amphithéâtre Romain）历经千年的风霜，成为阿尔勒幸存的少数罗马遗址。由于5世纪后成为附近圣艾蒂安（St-Etienne）长型教堂的采石场，古代剧场如今舞台只剩下两根完整的大理石科林斯式柱，这座奥古斯都统治初期的大型建筑，历经10年的岁月才终于落成。可以容纳12000人的它，虽然阶梯座位已经经过整修，然而合唱团席位的砌石地面却是原始模样。在舞台遗迹中寻得的阿尔勒维纳斯雕像，过去曾献给路易十四装饰凡尔赛宫的花园，如今收藏在卢浮宫中。

与古代剧场相比，圆形竞技场保存得较为完善，建立于1世纪的它，体积比尼姆的那座稍微大些，它和古代剧场位于同一座山丘上，分为上下两层，共有60道弧拱，可容纳2万名观众，是法国境内最大的圆形竞技场。虽然建于罗马时期，但从柱子、横梁到装饰，都不难发现深受古希腊人影响的痕迹。在罗马人离开后，这里一度成为保护一座村庄与两间教堂的要塞，19世纪时再度重建为竞技场。如今这里是斗牛、音乐戏剧表演等各项活动的举办场地，平时还可以看见当地居民进行掷球比赛。

摄影/谢明蓉

追寻名画家的足迹

另外，来到这里也别忘了拜访与凡·高有关的景点，像是出现在他画作中的凡·高咖啡馆（Le Café Van Gogh）、凡·高度过疗养生活的医院——凡·高中心（Espace Van Gogh），以及位于阿尔勒南方3公里处的凡·高吊桥（Le Pont Van Gogh）等。

DATA

阿尔勒旅游服务中心

地 Bd. des Lices, Arles

电 04 90 18 41 20

网 www.tourisme.ville-arles.fr

★徜徉地中海的碧海蓝天

蔚蓝海岸周边小镇之旅

▲灿烂的阳光洒在游艇码头上，可说是蔚蓝海岸的经典场景。

夏日的艳阳，将海水晒得闪闪发光，海滩上散布的遮阳伞与泳装人群，更增添了缤纷的景象。在这条沿着地中海延伸的海岸线上，似乎所有的东西都抢人目光，就连建筑与蔬果植物，也以分明的色调宣告各自的存在，难怪许多艺术家都前来寻找灵感，如夏卡尔、马蒂斯、毕加索等大师，皆在此涌出源源不绝的创作欲望。

同样起源自希腊罗马时代的蔚蓝海岸，或许就是凭借着优异的气候条件，而走出了和普罗旺斯截然不同的命运：阳光普照的夏季，因为气候干燥且拥有冰凉的海水而成为避暑胜地，吸引明星、艺术家与上流社会人士纷纷前来度假；冬天时，因有北面与东北面的阿尔卑斯群山，阻挡了来自欧洲北部的冷风，让这片介于与意大利接壤的蒙顿与土伦（Toulon）之间的土地，比法国甚至欧洲其他地区都要温暖，从19世纪开始，便已开发为冬季疗养地。至于那些并未直接滨海的小镇，则因为独特的“鹫巢村”、香水生产地、艺术小镇而成为今日的观光焦点。在这个一年四季没有所谓淡旺季之分的地区里，总是充满了活泼且热闹的气氛。

蔚蓝海岸周边小镇之旅线路图

交通资讯

蔚蓝海岸一带的小镇距离都相当近，乘车往返大约都不超过半小时，滨海城市可以搭乘法国国铁，至于想前往其他内陆城市，则搭乘从尼斯出发的巴士最为方便。不妨以尼斯为根据地，前往各小镇进行半日或一日游的行程，从巴黎到尼斯大约5小时30分钟的TGV火车，从尼斯可搭乘巴士到格拉斯、瓦洛里斯与埃兹，车程前者约1小时30分钟，后两者约20分钟。至于圣托佩兹没有火车可以抵达，必须搭乘约50分钟的TGV火车到圣拉斐尔（St-Raphaël）后，转搭约90分钟的巴士前往。昂蒂布可以搭乘火车或巴士前往，搭乘快速火车只需20分钟，巴士则长达1小时。

◆法国国铁网址：ww.voyages-sncf.com

◆尼斯蔚蓝海岸巴士交通网：www.lignedazur.com

建 议 线 路

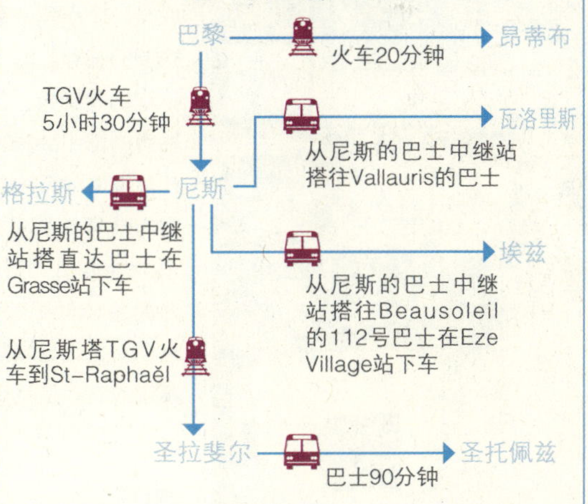

Information

★喷气式飞机一族的名流度假地

圣托佩兹 St-Tropez

导演罗杰·瓦迪姆（Roger Vadim）以一部电影《上帝创造了女人》（Et Dieu Créa ls Femme）捧红了他的妻子——法国艳星碧姬·芭铎（Brigitte Bardot）以及圣托佩兹，从此以后，这座原本宁静的小渔村，就成了上流社会出没流连的热门地点，许多名人不是搭乘私人游艇就是买下度假别墅，除了前来享受当地的阳光，更有人选择定居于此！

从旧城区深入度假胜地

旧城是参观圣托佩兹的重点，经过游客服务中心旁装饰着马赛克拼贴的“鱼市场门”（Porte de la Poissonnerie），就进入了旧城的范围。从那里，可以看见位于草坪广场（Place aux Herbes）上、本市最古老的市集，每天早上仍为当地居民提供新鲜的蔬菜水果以及普罗旺斯地区的产品。如果沿着路继续前进，就会来到位于教堂路（Rue de l’Eglise）的升天圣母教堂（Notre-Dame-de-l’Assomption），门口装饰着圣托佩兹的雕像，这位骑士总督在68年时公开改信天主教，因而被当时的皇帝斩首，他的尸体连同一只鸡和一只狗被放置在一艘放行于亚诺河（Arno）的小船上，然而利古里亚的水流却将它带到了圣托佩兹的岸边，于是他成了此地的守护圣人。

至于人气最旺的旧港，大型游艇穿梭其中，港边的特色餐厅与咖啡馆，终日人声鼎沸，不绝于耳的各国语言，让这里几乎成为一个小型的联合国。附近的山丘上，毗邻而建的房舍推挤着狭窄的巷弄。除了感受这样的气氛之外，不妨前往附近两座值得参观的博物馆：报喜博物馆（Musée de l’Annonciade）以及城塞博物馆（Musée de la Citadelle），前者以1568年的报喜圣母礼拜堂（La Chapelle Notre-Dame de l’Annonciade）改建而成，馆内按年代展示1890~1950年间的作品，包括著名画家西涅克（Signac）、修拉以及马蒂斯等人的作品。城塞博物馆的历史可追溯到16世纪的一座城塞，当时西班牙与法国爆发宗教冲突，为了防止圣托佩兹受到攻击，迅速兴建了这座要塞。如今围绕着海岸的它，是眺望港口与市区景色的最佳地点。

DATA
圣托佩兹旅游服务中心
地 BP 218, Saint-Tropez Cedex
电 08 92 68 48 28 网 www.ot-saint-tropez.com

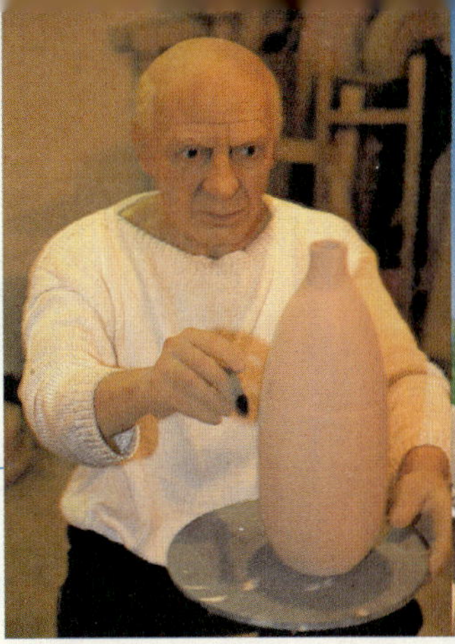

★两千年历史的陶艺小镇

瓦洛里斯 Vallauris

距离戛纳不过6公里，位于内陆山脚下的瓦洛里斯，丝毫未曾沾染任何滨海度假胜地的奢华气息，反而洋溢着饶富趣味的艺术氛围；随处可见的陶器，小至门牌餐具叉，大到足以种树养花的陶瓮，在这里几乎可以找到所有布置居家环境的装饰器皿。若想复制普罗旺斯风情，只需在此选购几个黄底彩绘各色花朵的陶器，再搭配印着花草树叶或蝉只的桌布，就能永久保存属于南法的回忆。

以制陶闻名的南法山村

瓦洛里斯的制陶技术，几乎是和这座城市的创立同时发展起来的，早在古希腊时期，这里便开始生产陶瓶。到了19世纪，由于交通的发展，当地的制陶业获得拓展。然而，真正让这座陶艺小镇脱颖而出的，还是1940年时毕加索的到来，及他在当地的玛杜拉（Madoura）陶艺工坊创造的杰出作品。这位晚年在此一脚踏入泥土世界的艺术家，前后共在瓦洛里斯住了8年，身为荣誉市民的他，除了捐出大量作品给当地市政府外，还允许玛杜拉无偿复制他的陶艺作品，也因此，这里是世界上唯一一处可以合法复制销售毕加索陶器的地方。拜毕加索的名声所赐，陶艺发展在瓦洛里斯始终盛行，如今市中心的克里蒙梭大道（Av. Georges Clémenceau）两旁，林立着的皆是清一色的陶器店。

DATA

瓦洛里斯旅游服务中心
地 Square du 8 mai 1945, Vallauris
电 04 93 63 82 58
网 www.vallauris-golfe-juan.fr

遍布毕加索作品的城市

位于解放广场（Place de la Libération）上的瓦洛里斯城堡博物馆（Château-Musée de Vallauris）是当地最吸引人的景点之一，这座三合一博物馆包括：1959年规划为毕加索博物馆（Musée National Picasso）的昔日礼拜堂，创立于1977年收藏意大利同名抽象画家作品的玛涅利博物馆（Musée Magnelli），以及毕加索外加其他当地15世纪陶器的陶艺博物馆（Musée de la Céramique）。另外，在保罗·伊斯纳广场（Place Paul Isnard）上，还矗立着一尊毕加索创造的《抱羊羔的少年》雕像。

★繁华不散的古希腊海港

昂蒂布 Antibes

1946年来到蔚蓝海岸度假的毕加索，受到昂蒂布美术馆的邀请进行一系列的创作，于是便将工作室设立于当时美术馆所在的格里马尔迪城堡（Château Grimaldi）中。历经3个月的时间，灵感源源不绝的他一口气完成了60多件的作品，并于离开时将近百件作品全留给了美术馆，所以如今大家都称它为“毕加索美术馆”（Musée Picasso）。除了毕加索的作品之外，这块罗马时代曾是军队扎营地，并于14~17世纪时曾为摩纳哥的格里马尔迪家族所拥有的要塞中，还收藏了旅居当地的画家Nicolas de Stael的作品，露台上并点缀有出自女雕刻家之手的迷人雕像。

深受毕加索喜爱的缤纷城市

挤满热闹商店、传统市场以及餐厅的旧城，是毕加索最喜爱的地方，鹅卵石铺成的狭窄巷道，带领大家进入当地居民生活的世界。在一早便开始营业的传统市场旁，有着一座融合罗马与巴洛克式样的大教堂（Cathédrale）和12世纪的钟楼。

身为蔚蓝海岸第二大城市的昂蒂布，曾是欧洲最大的港口，也是欧洲最古老的海港之一，由于在历史上不断遭受掠夺，16世纪开始兴建碉堡，到了17世纪，由法国军事建筑天才沃邦替它设计了最具规模的港口与城墙。位于两座海岬之间的它，于两端各设置了一座碉堡，并以一道漫长的城墙连接，但到了19世纪时，因为逐渐丧失军事功用，如今只剩下一座碉堡与部分城墙。游客可以沿着城墙遗址的滨海大道散步，边欣赏美丽的景色，边前往高级饭店、富豪别墅群聚的昂蒂布岬（Cap d'Antibes）。

DATA
昂蒂布旅游服务中心
地 11, Place du Général de Gaulle, BP 37, Antibes Cedex
电 04 97 23 11 11 网 www.antibesjuanlespins.com

★香氛动人的味觉之都

格拉斯 Grasse

没有知名艺术家入住，也没有无敌海景加持，然而这座位于蔚蓝海岸地区的城市，名气却依旧大得吓人——许多人也许早在前来拜访这座城市之前，已经熟悉了这里的味道：透过一瓶瓶名牌香水的流传，“格拉斯”这个几乎提供所有原料的世界香料之都，名声传遍了世界各地人们的耳朵。

从皮革工业到香水工业

香水的发展历史由来已久，从古埃及时期就已存在，14世纪传到欧洲后，成为贵族以及有钱人掩饰异味或体味的法宝，更带动了此项产业的市场。气候适宜的南法，无疑是种植香料植物的最佳地点，而12世纪开始便因皮革业而兴盛的格拉斯，为了掩饰皮革的臭味，从中世纪就开始发展香精这项辅助工业，并一跃成为香水工业的中心。到了18 世纪，香水产业更取代了逐渐式微的皮革工业，成为格拉斯的发展重心。

创造世界半数香味的城市

如今，格拉斯共有30家左右的香水工厂，几乎覆盖法国所有的香水市场，而聚集于此的闻香师，更掌控了全世界50%的香水味道，被称之为“鼻子”（Nose）的他们，能够分辨多达600种极细微差异的香味，技艺惊人。本地许多香水工厂都开放参观，其中创立于1926年的佛拉格纳德香水工厂（Pafumerie Fragonard），是历史最悠久的一家，透过导览人员的解说，人们会对香水的制造过程有进一步的了解。其他还有以手套与化妆品起家，并最早发明香水配方的Galimard，以及历经五代经营的Molinard香水工厂可以参观，并可调配专属于自己的香水。

对于想要了解香水的制造过程与历史的人，当然得走一趟国际香水博物馆（Musée International de la Parfumerie），这间位于新古典主义风格的19世纪建筑中的博物馆，为了扩建，曾封馆长达两年之久，于2007年初才再度对外开放。在这里，除了可以得知格拉斯如何从一副贵妇手套发展成今日香水重镇的历程之外，还有许多与嗅觉相关的创新主题展览可看。

DATA
格拉斯旅游服务中心
地 Palais des Congrès, 22, Cours Honoré Cresp, Grasse
电 04 93 36 66 66 网 www.grasse-riviera.com

★居高临下的鹫巢村

埃兹 Eze

中世纪时，为了防止外族的入侵，许多面蔚蓝海岸而居、兴建于山丘上的小镇，纷纷以一道道的围墙加以巩固保护，形成了景观非常特殊的“鹫巢村”（Nid d’Aigle），而埃兹就是其中最具代表性的村庄之一。

坚若磐石的中世纪古城

历史悠久的埃兹，在铁器时代时已经耸立着多座小型堡垒，这些以石块兴建而成的围墙，多位于足以俯视控制海洋的高地，然而，使它成为一座防御性的城市的主因，则是在罗马统治之后，为抵抗一批批涌入的外族，特别是撒拉逊人（Sarrasins）的入侵，而兴建了层层包覆的围墙。到了14 世纪，萨沃伊（Savoie）统治者们进一步改善埃兹的防御工事，以一道“暗门”（la Poterne）保护这坐标高400多米的城市，穿越这道双层拱门以后，便能一脚踏入窄巷蜿蜒、石屋夹道的中古世纪。

沿着铺石道路前行，经过一家家画廊与商店后，就会抵达位于山顶的埃兹花园（Jardin d’Eze）。第二次世界大战以后，大量工人搬运泥土与植物根茎，前往这处保留了起源自铁器时代历史的城堡遗迹，并兴建一座热带花园，栽种适应干燥气候的仙人掌、龙舌兰以及芦荟等热带植物。2004年时，花园决定赋予崭新的观念，于是以多条步道、艺术主题重新规划，让这处能够眺望蔚蓝海岸，甚至远达科西嘉岛景观的地点，成为一座享受生活乐趣的花园，园中装饰着的12尊土地女神雕像，诉说着来自腓尼基人的传说，也提醒众人这座城市源远流长的历史。

下榻具历史感的城堡

城堡饭店也是埃兹的特色之一。金色山羊城堡饭店（La Chèvre d'Or）的名称来自当地的传说——由于有只独具神力的圣兽扰乱着前来侵略的外族，才让埃兹居民得以安居乐业。在它成为饭店以前，原是天才小提琴家Zatlo Balokovic的住所，为了不受打扰和寻求安静，他还在门上挂着“请保持安静，内有病人休息”的牌子。1953年，小提琴家卖了这座居住了十几年的城堡，而后改建成餐厅的它吸引了许多名人前来造访，包括摩纳哥的雷尼耶亲王，后来，在沃尔特·迪斯尼的建议下，才出现了今日的城堡饭店。埃兹城堡饭店（Le Château Eza）的背景也不逊色，它是瑞典皇室最爱的度假行馆之一，吉隆姆王子（Guillaume）更于1923~1953年间年年南下至此，寻找写作灵感。

回程时，不妨沿着尼采小路（Sentier de Nietzsche）下山，看看这位当时因作品不畅销且与瓦格纳（Wagner）闹翻的哲学家，如何在这段充满乡村风光的小路上重新找回书写的创作情绪。

DATA
埃兹旅游服务中心
址 Place du Gl de Gaulle, Eze
电 04 93 41 26 00 网 www.eze-riviera.com

★醉心普罗旺斯淳朴山城

山居岁月小镇之旅

▲宁静美好的乡间气氛，让无数创作者流连忘返。

温暖的气候、普照的阳光、赭红色的岩石、漫地开放的薰衣草与向日葵、随季节开花结果的苹果树与樱桃树……色彩缤纷且风光明媚的普罗旺斯，活灵活现于彼得·梅尔的笔下，这位曾旅居南法的英国作家，将亲身经历借由幽默的笔调和细微的观察力加以抒发，因而炒红了普罗旺斯，在《山居岁月》出版之后的11年间，更陆续发表了多本以此为背景地的散文和小说，同时更《追踪塞尚》，让这块远古时期的罗马殖民地，魅力延烧多年不退。2006年，福克斯电影公司甚至推出改编自这位作家小说《恋恋酒乡》的电影《美好的一年》（A Good Year），并请来奥斯卡影帝罗素·克洛，带领大家进入这片迷人的世界。

然而，抛开外国人的浪漫观点，法国人眼中的普罗旺斯又是何等面貌？在当地出生、长大的法国作家兼导演马塞尔·帕尼奥尔（Marcel Pagnol）堪称此区最佳的代言人，在他的小说《爸爸的荣耀》（La Gloire de Mon Père）以及《妈妈的城堡》（Le Château de Ma Mère）中，他以小男孩的眼光，告诉你更纯粹的普罗旺斯风情：“无花果树、铁线莲和古老橄榄树的宽大叶子从墙垣上垂下来，地上还有一些百里香……”忠实记录了此地散发着大地芬芳的乡村气氛。

交通资讯

旺库吕斯山（Vaucluse）和吕贝龙地区（Lubéron）一带，林立多座风景秀丽的淳朴小镇，它们是彼得·梅尔和马瑟·巴纽书中经常出现的主角，不过此区并无火车通过，因此租车是最佳的前往方式。至于因塞尚而闻名的艾克斯，则可从马赛搭乘火车或巴士前往，车程20~30分钟左右。

◆法国国铁网址：ww.voyages-sncf.com

建议线路

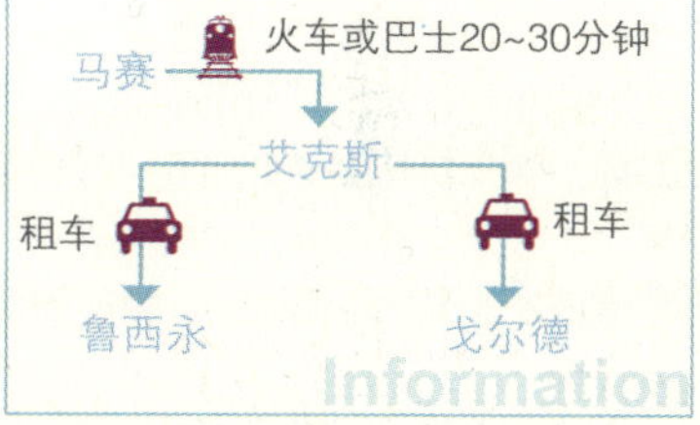

山居岁月小镇之旅线路图

★闪烁着火红色彩的村庄

鲁西永 Roussillon

摄影／谢明蓉

位于吕贝龙和旺库吕斯山间，鲁西永是法国最美丽的小镇之一，因为身处世界上最重要的赭矿脉中心，而以一种恒久不变的珍贵色调宣告着它的存在。关于这种赞美光线的颜色，当地流传着一则凄美的传说：席梦夫人（Dame Sirmonde）与她的丈夫“阿维尼翁的雷蒙”领主（Seigneur Raymond d’Avignon）居住在鲁西永的城堡中，来自上阿尔卑斯地区的卡贝斯坦领主（Seigneur de Cabestan）的儿子吉隆姆（Guillaume），以年轻侍从的身份前往其城堡学习如何成为一位杰出的骑士。由于雷蒙经常外出打猎，单独留下的妻子与吉隆姆两人逐渐产生爱慕之情。流言渐渐传到了领主的耳朵，一日他便借着打猎的机会，质问吉隆姆；而为了保护爱人，这位年轻侍从辩称他爱的是夫人的姊妹艾涅丝（Agnès）。没想到席梦夫人在得知后却心生误会，深觉自尊心受到伤害，于是要求吉隆姆坦承一切。得知实情的雷蒙决定报仇，在某次狩猎途中，以匕首砍下吉隆姆的头并挖出他的心脏。在爱人死后无法继续存活的夫人，也随之逃到城堡外的峭壁跳崖而死，她的鲜血自此染红了这片大地。

不像许多著名的观光城市，鲁西永没有任何大型纪念建筑，然而它蜿蜒的小路、可爱的阶梯、充满淳朴之美的房舍，以及造物主几千年来鬼斧神工的自然风貌，却让它深受游客的喜爱；而事实上，在其他城市中，也很难看到这样到处都是赭石的火红场景。

沿着赭石之路（Sentier des Ocres）前进，就会抵达巨人岩（Chaussée des géants），它位于一连串经过风化、雨水、人工等外力侵蚀而成的壮观地势与仙人烟囱中。此外，也别错过通往鲁西永西侧红色峭壁的仙女谷（Val de Fées）小路，以及教堂旁所能欣赏到的全景景观。

另外，对赭石有兴趣的人，可参观由旧工厂改成的赭石与运用颜料博物馆（Conservatoire des Ocres et Pigments Appliquéa），了解这种早在史前时代就已经被罗马人使用的矿石，如何在18世纪成为一项真正的工业产品。

摄影／谢明蓉

DATA
鲁西永旅游服务中心
地 Place de la Poste, Roussillon
电 04 90 05 60 25 网 www.roussillon-provence.com

摄影 / 谢明蓉

★悬挂在陡峭崖壁上的杰作

戈尔德 Gordes

淳朴的石砌矮墙、花团锦簇的小庭院、迂回狭窄的小路、中世纪的城堡……这些看来非常乡村的风光，却因为攀爬于峭壁上的房舍随着光线的转移，而产生了异常独特的面貌。和其他普罗旺斯的城市没有两样，戈尔德也有着悠久的历史，当初在此设置城堡的卡瓦隆城（Cité de Cavaillon），是高卢最古老的罗马行政区之一。特殊的地理位置，让它在中世纪、文艺复兴时期，甚至宗教战争时，都占有重要的战略位置，为求自保，这座城市努力强化防御，或许这也正是此地城堡之所以让当地人感到非常骄傲的缘故。

拥有重要战略地位的城堡

来到戈尔德，一眼便可看到这座盘踞于山头的城堡和一旁的教堂。1525年时，这座已经存在千年的城堡被加以重建，经过细心整修的它，保存了从中世纪到文艺复兴时期的建筑变革，大型圆塔捍卫着这座壮观的建筑，环绕着的突堞支撑着炮台，分为三层的窗户凿穿了厚实高墙，四周还分散着炮口。城堡中有一座喷泉，后方是一道设置于城墙上通往中庭的拱门。至于建筑本身，则于1996年时改为波·玛哈博物馆（Musée Pol Mara），用来收藏这位当代法兰德斯画家的作品。顺着螺旋式阶梯往上爬，穿过装饰法式顶棚的大厅，透过200件按年代展出的作品，可深刻认识这位旅居戈尔德并于1988年在此过世的画家生平。他深受大众喜爱的20世纪60年代作品素材包罗万象，从水彩画、立体粘贴画到有机玻璃一应俱全。

俯拾即是的优美角落

步行是参观这座城市最好的方式，尽管铺石巷道有些难走，上坡路也有点辛苦，但也唯有如此，才能感受这座小镇隐藏于各处的惊喜——处处可眺望美景的角落。此外，为了慰劳“辛苦”的旅人，村子里有多座咖啡馆均设于峭壁边，让“运动”后的旅人能悠闲地休息一番。

DATA
戈尔德旅游服务中心
地 Le Château, 84220 Gordes
电 04 90 72 02 75 网 www.gordes-village.com

★掩映于绿荫间的千泉之城

艾克斯 Aix-en-Provence

夹道高举的梧桐树，沿着市中心的米哈波大道（Cours Mirabeau）延伸，仿佛想抢尽两旁17、18世纪豪宅与旅馆的风头，浓密的枝干直指天际。在这条深受昔日贵族喜爱的散步大道上，依稀洋溢着巴洛克式风情，几座美丽的喷泉，以轻快流泻的水声，召唤着前去欣赏它的人们。丰富的水源，是艾克斯这座城市最早获人青睐的原因，公元前122年时在此建城的高卢罗马执政官Caius Sextius Calvinus，以自己的名字为它命名，从此展开了这座“千泉之城”的历史。

因塞尚而重放光芒的城市

千年之后，让艾克斯再度广为人知的是画家塞尚，这位“现代艺术之父”在此出生、成长、死亡，因此从市区到近郊，都可发现这位画家及其家族的踪迹。从其作品中可以看出，即使居住在巴黎的那段时光，他的心也从未离开过这片土地，因为艾克斯和象征他出生地的圣维克多山（Montagne Ste-Victoire），依旧是他经常描绘的主题。

为了方便游客参观，艾克斯旅游局特别规划了一条塞尚之路（Le Parcours Paul Cézanne），从戴高乐广场出发，沿着地上的塞尚标志，即可前往他就读过的中学、故居、经常用餐的咖啡馆、出生地、受洗处等，不过其中最著名的要属位于今日保罗·塞尚大道上的罗芙工作室（Atelier des Lauves）。

塞尚在1896年时重返故乡，5年后买下这座位于艾克斯北边的山丘，并根据个人喜好设计了这间工作室，从此全心投入创作。然而，无情的肺炎在1906年时夺去了他的生命，于是这间画室便成为对他的纪念，不但保留当年的模样，里头还收藏了这位画家的居家用品以供凭吊回忆。

除了工作室外，昔日塞尚也常常透过父亲1859年时买下的房舍“羊棚”（le Jas）的窗户，观察并描绘屹立于艾克斯近郊的圣维克多山。多年来，这座石灰岩构成的山脉色调未变，也造就了塞尚绘画的技巧。但这间充满他青少年与家庭回忆的故居，在塞尚母亲过世后就转售他人了。

DATA
艾克斯旅游服务中心
地 2, Place du Général de Gaulle, Aix en Provence
电 04 42 16 11 61 网 www.aixenprovencetourism.com

★聆听卢瓦尔河的城堡韵事

卢瓦尔河城堡之旅

全长超过1000公里的卢瓦尔河，在法国中部由西往东横流，沿岸聚集着一座座优雅的小镇与文艺复兴式的古堡，蔓延着昔日宫廷的气氛。15~16世纪是卢瓦尔河的黄金时期。英法百年战争时，查理七世（Charles VII）为了逃避勾结英国人的法国贵族勃艮第派系，而逃到布鲁日组织流亡政府。后来，在圣女贞德的帮助下，他于1429年在兰斯加冕为法国国王，并大败英军结束了百年战争。然而，他却没有回到巴黎，反而选在地处法国中心的卢瓦尔河，兴建希农（Château de Chinon）与洛什（Château de Loches）两座城堡，设立宫廷。

从此之后，卢瓦尔河展开了辉煌的历史，查理八世（Charles VIII）、路易十二世（Louis XII）、弗朗索瓦一世（François I）等国王感染了意大利文艺复兴运动的气息，开始兴建充满装饰风格的城堡，许多王公贵族纷纷跟进，卢瓦尔河两岸的城堡如雨后春笋般冒出。靠着奢华的宴会与沙龙活动打响了名号，这里成了欧洲的中心，许多珍贵传统也得以在卢瓦尔河一带保留下来，其中当然包括了让当地居民最引以为傲的正统法语！

交通资讯

布卢瓦堡（Château de Blois）与希农堡之间，是城堡最密集的区域，但除了布卢瓦堡、舍农索堡、昂布瓦斯堡（Château d'Amboise）、洛什堡和希农堡有火车可以前往之外，许多城堡因距离市区有段距离，所以在当地租车或搭乘出租车前往比较方便。此外，图尔（Tours）旅游局与当地旅行社也有推出各种半日或一日游古堡行程，可根据个人需求选择，参观起来既方便又有效率。

◆法国国铁网址：www.voyages-sncf.com

◆图尔旅游局网址：www.ligeris.com

卢瓦尔河城堡之旅线路图

★法国文艺复兴运动的象征

尚博堡 Château de Chambord

长156米、宽117米、拥有440间房和14座大阶梯的尚博堡，是卢瓦尔河上最壮观的城堡。耗时一个多世纪才完工的它，原是一座狩猎行宫，在热爱意大利文艺复兴艺术与狩猎的弗朗索瓦一世的改造下，正式于1519年开始动工，直到路易十四时期才完成今日的面貌。

位于奔跑着大量猎物、平坦且多泥泞的森林中央，这座白色的城堡耸立于沼泽之间，周围环绕着矩形城墙和圆形角塔，一座巨大的主塔异常抢眼，整体表现出清楚且壮观的几何结构以及和谐的比例。城堡的设计师至今已不可考，可能是国王密友兼建筑师达·芬奇的传闻甚嚣尘上，不过，可以确定的是这座城堡绝对充满意大利的文艺气息。超过1800名工人历经30年的辛勤建造后，弗朗索瓦一世却只住过短短几周的时间。路易十四在1658年完成了所有的工程，并且对之相当喜爱，每当他居住于此期间，必定举办狩猎、芭蕾舞以及莫里哀的戏剧等各种主题的活动。在这之后，尽管尚博堡罕有国王入住，却一直是极权政治的象征，并曾多次被当成礼物，作为皇亲国戚的府邸。

历经5个世纪的时间，城堡中累积了许多珍贵的收藏，在将近3000件的艺术作品、家具、挂毯中，包括著名的弗朗索瓦一世狩猎挂毯，这件出自巴黎织工之手、草图由Laurent Guyot设计的作品，年代可上溯到1610年。皇室群像、迷你炮收藏、18世纪的迈森（Meissen）彩陶瓷器，以及五辆华丽的四轮马车等等，都值得一看。另外，也别错过城堡中央的双层螺旋梯、弗朗索瓦一世的卧室，以及路易十四的起居室。

DATA

尚博堡旅游服务中心

地 Domaine National de Chambord, Maison des Réfractaires, Chambord

电 02 54 50 40 00 网 www.chambord.org

★尽显女性的绰约丰姿

舍农索堡 Château de Chenonceau

如果尚博堡是卢瓦尔河上的国王，那么舍农索堡无疑就是卢瓦尔河的皇后。这座因为六位女人的故事而闻名的城堡，以三层回廊跨越Cher河的优雅姿态和美丽倒影，加上多座花木扶疏的庭园，成为极具女性浪漫风格的“夫人城堡”（Le Château de Dame）。

1513年，查理八世的财务大臣布里松涅特（Briconnet）以8年的时间为他的妻子凯瑟琳兴建了舍农索堡，优雅的尖塔和大片窗户造就了这座文艺复兴城堡最初的模样。而后亨利二世将它送给了大自己19岁的情妇“波提耶的黛安娜”（Diane de Poitiers）。黛安娜进行的新工程包括跨河而建的桥梁与优美的庭园。然而亨利二世过世后，皇后凯瑟琳·梅迪奇（Catherine de Médicis）马上从这位绝世美女手中抢回了城堡，拆掉桥梁以长达60米的回廊取代，之后转赠给自己的儿媳妇“洛林的露易丝”（Louise de Lorraine）。露易丝在丈夫遭暗杀后住进城堡，为了纪念亡夫，她将舍农索堡改成黑白两色的沉思之处，如今在她的卧室里，依旧可以感受到她的哀伤。第五位继承者是亨利四世的儿媳妇杜班夫人（Madame Dupin），她致力修复与改造的城堡结构，侥幸躲过了法国大革命的破坏，并被佩鲁兹夫人（Madame Pelouze）买下，后者拆除了多余的装饰，让城堡恢复了原本优雅的文艺复兴面貌。

DATA

舍农索堡旅游服务中心
地 Château de Chenonceau, Chenonceaux
电 02 47 23 90 07
网 www.chenonceau.com

城堡内可见尖拱门厅、白色礼拜堂、凯瑟琳·梅迪奇的工作室、由昔日舞会场所改成今日画作陈列室的回廊、献给弗朗索瓦一世以及路易十四的厅房、纪念凯瑟琳·梅迪奇两位女儿和三位儿媳妇的皇后厅、历代女主人房，以及配备着当时意大利设备的厨房等。除了历史与建筑引人注目之外，城堡中的收藏也相当丰富，包括文艺复兴时期的家具、16~17世纪的挂毯，以及出自鲁本斯、丁多列托等名家之手的大量画作。另外，也别错过了黛安娜和凯瑟琳的庭园，以及充满趣味的树林迷宫。

★一部欧洲城堡的建筑史

布卢瓦堡 Château de Blois

这座位于卢瓦尔河谷地的城堡，历经5个世纪的兴建，其主要中庭四周围绕着各栋独具时代特色的建筑，犹如聚集所有欧洲城堡的大全。这里从中世纪开始成为法国的王室皇宫与王国首都，路易十二着手进行城堡的改建工程，并创造了一座文艺复兴风格的花园，此翼以红砖和灰石为材质，如今成了城堡的主要入口，属于哥特时期作品。

装饰着精致雕刻的螺旋状阶梯，是布卢瓦堡最具代表性的景点，当时弗朗索瓦一世打算和妻子从昂布瓦斯堡搬来这里，于是这位热爱意大利文艺复兴运动的国王，兴建了一座容纳当时欧洲最重要的图书馆之一的新翼。1635年，城堡曾历经另一次重大扩建，然而当时的主人——路易十三的兄弟“奥尔良的加斯敦”（Gaston d'Orléans）于1660年过世，未完成的工程因而停摆。法国大革命期间，这座象征贵族的建筑惨遭破坏与洗劫的命运，直到1841年，在路易·菲力浦国王的指示下，布卢瓦堡才被列为历史古迹，并整修为一间博物馆。

DATA
布卢瓦堡旅游服务中心
地 Château de Blois
电 02 54 90 33 33
网 www.ville-blois.fr

▲美丽的夜间灯光秀。

摄影 / 曹馥兰

摄影 / 曹馥兰

★随处可闻的达·芬奇传说

昂布瓦斯堡 Château d'Amboise

1437年，查理七世将昂布瓦斯纳入领土，而后登基的八位国王开始陆续兴建了这座融合哥特与文艺复兴风格的城堡。

爬上厚实的两道城墙，进入得以俯视整座卢瓦尔河谷地的露台，后方火焰哥特式的圣胡贝特礼拜堂（Chapelle Saint Hubert）是达·芬奇的长眠之处，这位伟大的艺术家据说是接受当时热爱意大利艺术的弗朗索瓦一世的邀请，前来定居并过世于这座皇城的。礼拜堂后方耸立着这座15~16世纪的城堡、美丽的庭园，以及两座令人印象深刻的骑士塔。这处宗教战争时的阴谋舞台，如今展示着16世纪的织锦画和19世纪时的家具。

DATA
昂布瓦斯堡旅游服务中心
地 Château d'Amboise
电 02 47 57 00 98
网 www.chateau-amboise.com/

不可不看

★层层错落的几何庭园

维朗德里堡Château de Villandry

虽非法国王室的皇宫，但落成于1536年的维朗德里堡其主人也大有来头，身为弗朗索瓦一世的财务大臣之一的“布列塔尼的让”（Jean le Breton），为了王国的利益而长期监督、指挥尚博堡的兴建工程。曾担任罗马大使的他，深受意大利庭园艺术的熏陶，因此着手兴建这座文艺复兴风格的大型城堡。18世纪下半叶，维朗德里堡为另一显赫贵族所有，以18世纪的舒适标准改建；19世纪时更拆除了传统庭园，以一座优美的英式花园取代。

摄影 / 曹馥兰

DATA
维朗德里堡旅游服务中心
地 Château de Villandry
电 02 47 50 02 09 网 www.chateauvillandry.com

★深入原始粗犷的北法

布列塔尼与诺曼底之旅

▲位于诺曼底省的圣米歇尔山，也是本区的重量级景点。（见P112）

隔着英吉利海峡与英国相望的布列塔尼和诺曼底，是法国最具地方色彩的区域，也因地理位置的缘故，使得这两块位于法国西北地区的早期历史和英国有着密不可分的关系。

3000年前，一支来自地中海的移民定居于布列塔尼，留下了神秘的巨石阵，然而这块地区的祖先，主要是来自英国的克尔特人，他们虽曾一度臣服于罗马帝国的统治之下，但在9世纪之后，布列塔尼一直维持独立公国的形态，因此保留了独特的语言和文化。1499年，布列塔尼女公爵嫁给法王路易十二后，尽管公国开始丧失自主权，并于1532年正式并入法国国土，然而在这片有着宏伟花岗岩岸的沿海地带，依旧洋溢着沿袭自英国的传统味道。

至于距离首都比较近的诺曼底，因为终年气候变化不大且雨量丰沛，因此除了漫长的沙滩之外，内陆还散布着牧场和苹果园，奶酪农业发展欣欣向荣，素有“奶酪女王”之称的卡孟贝奶酪（Camenbert），就是最具代表性的特产之一。诺曼底的祖先诺曼人是斯堪的纳维亚的海盗，于8世纪时入侵法国，当时的法国国王为了维护巴黎的安全，便与海盗首领签订条约，以割让诺曼底作为协防法国沿海安全的条件，诺曼底公国因而诞生。11世纪时，诺曼底公爵威廉征服英国，公国君主身兼英国国王长达150年的时间。13世纪后，诺曼底成为法国领土，英法百年战争时，诺曼底遭英军占领数十年。然而，这片土地最著名的历史大事，还是第二次世界大战期间盟军展开大规模反攻行动的“诺曼底登陆”。

布列塔尼与诺曼底之旅线路图

交通资讯

前往布列塔尼与诺曼底旅行，最好的方式是以火车搭配当地巴士。前往布列塔尼不妨以雷恩为据点，从巴黎搭乘TGV火车至此，大约只需1小时30分钟，且车次非常密集。从雷恩到瓦讷可搭乘TER火车，只需要大约1小时的时间，至于从瓦讷到卡纳克，则必须在搭乘15分钟火车后，于Auray车站换乘前往Quiberon方向的巴士，在Carnac Ville车站下车，车程约30分钟。

若想继续前往诺曼底游玩，雷恩与瓦讷之间有直达TER火车，只需3个钟头；也可以巴黎为出发地，从巴黎搭乘TGV火车到瓦讷约2个钟头，从瓦讷到多维尔搭乘地区巴士约需1小时30分钟，如果从巴黎搭乘直达快速火车前往多维尔则约1小时20分钟。埃特勒塔距离多维尔约60公里，大众交通工具较不方便，从瓦讷过去必须先转一次火车，在Breaute Beuzeville再换乘巴士，光搭乘火车的时间就至少需要3小时30分钟，如果从巴黎搭乘直达快速火车到Le Havre，约2小时车程，再转搭往Fécamp的巴士约1小时后在埃特勒塔下车。吉韦尼距离巴黎不远，可以从巴黎搭乘前往鲁昂方向的快车，大约45分钟后于Vernon车站下车，或是从瓦讷搭乘TER火车，大约3小时车程在维尔农（Vernon）车站下车，继续转搭巴士约15分钟后于吉韦尼下车。

◆法国国铁网址：
www.voyages-sncf.com

◆上诺曼底火车网址：
www.ter-sncf.com/haute_normandie

◆卡瓦多绿色公交车(Bus Verts du Calvados)网址：
www.busverts.fr

◆Pôle Interurbain Veolia Transport交通公司网址：
www.mobiregion.net

Information

摄影 / 曹馥兰

★历史悠久的布列塔尼之都

雷恩 Rennes

出自凡尔赛小皇宫设计师之手的市政厅、造型现代犹如缺角蜂巢的司法城（Cité Judiciaire）、布列塔尼特有的木头架构墙屋，还有象征宗教精神的教堂……身为布列塔尼门户的雷恩，保留了来自高卢部落的名称，拥有2000年历史的它在1720年时惨遭祝融之灾，33条巷道中的将近900间木头房舍全毁，然而Jacques Gabriel却以石头打造出一座崭新的城市，那就是今日夹杂传统、现代与地方等多样色彩的雷恩。

漫游精彩的旧城区

位于旧市区西北边的圣皮埃尔大教堂（Cathédrale Saint-Pierre）于1784年开始兴建，取代了原先濒临倒塌的旧教堂。这座原本只是风格简单的新古典主义建筑，到了19世纪初却以大量镀金、粉饰灰泥和绘画加以点缀，形成今日异常繁复的外观，至于文艺复兴时期的古老元素，则主要保留在两座宏伟的塔楼部分。华丽的内部装饰增添于19世纪，彩绘拱顶灵感来自于雷恩议会（Parliament de Rennes），镶金边的木雕祭坛画则是15世纪的艺术佳作。

与大教堂隔着法院对望的塔博尔庭园（Jardin du Thabor），是雷恩的城市绿洲，在这片占地10万平方米的土地上，生长着银杏、巨杉、雪松、橡树等各种老树，还有位于东边的玫瑰园与植物园。17世纪时，这里还是道明会修女管辖的圣梅兰修道院（Abbaye Saint-Melaine）的土地，但由于附近居民总是擅自闯入，加上决斗者总喜欢相约在此见面，于是到了18世纪中叶，道明会决定将此开放为供女性民众散步休闲的塔博尔庭园。到了第二帝国时期，这座庭园在御用景观设计师的改造下，逐渐发展成今日的模样，其扩建工程一直持续到20世纪初。至于位于河流对岸的雷恩美术博物馆（Musée des Beaux Arts de Rennes），起源于1794年，19世纪时，由于政府多方面搜购艺术品，如今成为一座包罗万象的博物馆，收藏种类包括画作、雕刻、古希腊和埃及甚至克尔特古物、达·芬奇以及波提切利等名画家的素描。第二次世界大战后，更加入了20世纪画家毕加索、迪纳尔（Dinard）等大师的作品。

摄影 / 曹馥兰

DATA
雷恩旅游服务中心
地 11, Rue Saint Yves , CS 26410, Rennes
电 02 99 67 11 11 网 www.tourisme-rennes.com

★海上贸易起家的港都

瓦讷 Vannes

摄影／曹馥兰

位于昔日海陆交通要道的交点，这座2000多年前诞生于莫比昂湾（Golfe du Morbihan）底的海港，公元前1世纪时在罗马人的创建下，出现了初步的城市规模：一座围绕着今日圣帕登区（Quartier de Saint-Patern）的集会广场，以及向四周延伸的繁荣城市。3世纪末，为了抵抗撒拉逊人的入侵，山丘上开始兴建堡垒（castrum），然而6世纪时，蓬勃发展的城市已经占满了堡垒内的空间，到了中世纪末期，瓦讷已成为面积超过10万平方米的防御性城市。今日的瓦讷虽已褪去了布列塔尼公国首都的辉煌，但围绕着广场的狭窄巷道、充满怀古风情的木造房舍、斑驳而厚实的城墙……使得此地仿佛一座存封于历史中的小镇，总让游人向往不已。

洋溢宗教与艺术光彩的城市

城区主要景点以圣皮埃尔大教堂（Cathédrale St-Pierre）一带为中心，这座从13世纪开始兴建的教堂，花了近600年的时间才完工，加上其间不断扩建，于是同时具备了罗马与新哥特式风格。教堂内部靠近入口的左侧，有一幅描绘圣文森特（St. Vincent Ferrier）的画像，这位为此区带来无数奇迹的西班牙道明派修士，1419年时于瓦讷过世，教堂内的圣母礼拜堂内还放置多幅19世纪的华丽祭坛画屏，描述了这位守护圣人的生平事迹。位于昔日教士会议厅的宝物室，装饰着16~18世纪的细木护壁板，里头收藏了来自附近20多座市镇的宗教艺术品。

位于教堂对面的瓦讷美术馆（Musée des Beaux Arts de Vannes）被当地居民昵称为“嘈杂人群”（La Cohue）美术馆，前身是体积庞大的中世纪市场，如今却收藏了数十件杰出作品，包括莫奈的《Pluie à Belle-Ile》、布丹（Eugène Boudin）的《Un Grain》、Jean Le Moal的《La Nuit de la Saint-Jean》、瓦讷当地艺术家L'Hermitais的宗教画，以及从戈雅到罗丹的铜版画等。另一个值得造访的景点，是位于15世纪盖雅城堡（Château Gaillard）中的瓦讷历史博物馆（Musée d'histoire de Vannes），这里原是布列塔尼议会的所在地，内部有着非常美丽的螺旋梯、细木护壁板和雕刻，自1914年成立博物馆以来，展出了莫尔比昂出土的史前、罗马时期装饰品与雕刻等历史瑰宝。

摄影／曹馥兰

DATA
瓦讷旅游服务中心
地 1,Rue Thiers,Vannes Cedex
电 08 25 13 56 10
网 www.tourisme-vannes.com

摄影 / 曹馥兰

★无法解释的历史之谜

卡纳克 Carnac

夏季时戏水人潮如织的卡纳克，除了是座滨海度假村外，也是法国非常重要的考古点，就在距离市区不超过2千米的地方，耸立着许多年代可上溯至公元前5000年的新石器时代巨石阵。

在这处至今依旧是谜的史前遗址上，可以看见许多排成列或围成圆形的独立糙石巨柱（menhirs）、葬礼使用的大片石板组成的石棚（dolmens），以及覆盖着一间或多间下葬室的石头堆——坟头（tumulus），它们或扮演某种祭祀角色，或是个人或团体的坟墓，因此学者推论这些史前巨石群应该是处宗教场所，也有学者认为是观测星相或天气的地点。

前往神秘的史前遗迹

目前在卡纳克有三处比较完整的巨石阵：梅内克巨石阵（Alignements du Ménec）距离市区最近，搭车仅需5分钟即可抵达，长1165米、宽100米的面积上，坐落着1099座巨石，共分成11列，最高的石柱将近4米，是最具代表性的糙石巨柱群，其中有一座位于西南方，如今只剩下71块巨石组成的环形大石垣（cromlech），巨石群旁有一座解说遗迹的影片展览室。凯尔马里奥巨石阵（Alignements de Kermario）延伸于长1200米、宽100米的土地上，1029座巨石排成10列最美丽的范本，其中一根高度超过6米的糙石巨柱为本区之冠。位于最东边的凯勒斯坎巨石阵（Alignements de Kerlescan）最小，但保存最为完善，555座巨石分成13列，最西边有一座由39块巨石组成的环形大石垣。

另外，市区旅客服务中心旁有一座史前博物馆（Musée de la Préhistoire），是欧洲馆藏最丰富的考古博物馆之一，里头展出大量欧洲史前遗物，包括日常生活用品、珠宝首饰，以及首批石器、铜器和铁器等，透过6600件收藏品，参观者可了解布列塔尼先民从旧石器时代到中世纪生活形态的演进。

摄影 / 曹馥兰

DATA
卡纳克旅游服务中心
地 74, Avenue des Druides, B.P65, Carnac Cedex
电 02 97 52 13 52
网 www.ot-carnac.fr

摄影 / 曹馥兰

摄影 / 曹馥兰

★名流血统的优雅海滨

多维尔 Deauville

当地居民不到5000人、没有特殊景点的多维尔，每年夏天却是诺曼底最具代表性的度假胜地，沙滩、赌场、名牌精品店、百货公司、海洋疗养中心、马场，种种设施为这座悠闲的城市增添了热闹的气氛。

位于这处海边山丘上的小村庄内的居民一直过着朴实的务农生活，1858年夏天，在医生的邀请下前来的摩里公爵（Duc de Morny），希望在这片延伸着沙滩与沼泽的土地上，兴建一座邻近巴黎的“优雅王国”，于是展开了这处海水浴疗养地的历史——这位拿破仑三世的同母异父兄弟，在医生与银行家的帮助下，花了4年的时间创造出一个拥有赌场、大饭店、海滩以及马场的上流社会世界，吸引了无数来自各地的权贵。

贵族创造的度假天堂

位于市中心的赌场，落成于1912年7月11日，造型犹如宫殿的它，内部装饰着镀金的水晶枝状吊灯、大理石、丝绒地毯以及线脚，除赌场外，还拥有终年演出精彩表演的18世纪意大利式剧院、美国影展时放映影片的电影院，以及奢华的餐厅和酒吧。同样面对海洋的，还有奢华的滨海饭店，如开业于1912年、充满诺曼底风情的诺曼底城门饭店（Hôtel Normandy Barrière），以及1913年时为名流贵族打造的皇家城门饭店（Hôtel Royal Barrière）。

DATA
多维尔旅游服务中心
地 Place de la Mairie, BP , 14804 Deauville Cedex
电 02 31 14 40 00
网 www.deauville.org/fr

莫奈画下了多维尔美丽的海岸线；法国导演克劳德·勒鲁什（Claude Lelouch）在1966年夺得戛纳电影节金棕榈奖的电影《男与女》（Un homme et Une femme），也以这座城市的冬季为背景，道出一对鳏夫与寡妇相遇、相恋的故事；而1975年开始举办的美国影展，则打开它的国际知名度。来到这里的游客，白天总是一身轻便地在海滩上晒太阳、漫步于铺设着木板的散步道，或是穿梭于商店间购物，入夜后，则换上华服前往餐厅用餐，或在赌场中等候幸运之神的降临。

摄影 / 曹馥兰

★断崖屏障的动人奇景

埃特勒塔 Etretat

摄影 / 曹馥兰

这座紧邻英吉利海峡的小镇，因为两道断崖左右包夹，形成法国北部相当著名的观光景点。关于它的名称由来则众说纷纭，不过可以确定的是，公元前57年时这里已有人烟——企图征服大不列颠的恺撒大帝的部队曾驻军于此。

从市中心的旅客服务中心步行前往两座断崖，大约都需要半小时的时间，你可以在长达1.5千米的海岸上，欣赏分别耸立于两端的雄伟断崖，而攀登上断崖俯视拍打崖壁的波浪，则有另一番惊心动魄的感受。

拥有动人传说的天然美景

面对海洋左侧的是亚瓦尔断崖（Falaise d’Aval），爬上砌石坡地的阶梯，沿着阿巴特坡道（Côte d’Albâtre）前进，狭窄的小径会先带领你抵达“小姐们的闺房”（Chambre des Demoiselles）——这处位于峭壁顶端的洞穴，曾是一位坏领主关闭他掳来的三姊妹的牢房，不肯屈服的她们三天后丧生于此，但传说她们的灵魂不愿散去，始终纠缠着这位领主直到他死去为止。继续沿着海湾旁的路往下走，第一座海蚀拱洞旁有一个“男人洞”（Trouà l’Homme），据说1792年时一艘瑞典船被暴风雨抛到岩壁上，狂风暴雨经过24小时才平静下来，造成死伤无数。当地居民将岩石边一个毫无生气的水手带往与他同伴合葬的墓地时他却突然醒来，述说一道波浪将他抛向这座突起的岩石的经过，“男人洞”因此得名。紧接着出现的就是著名的“玛内波”（Manneporte），透过这座海蚀拱洞欣赏耸立于海上的尖顶岩石，是当地最具代表性的景观。

探访亚蒙断崖（Falaise d’Amon），可以从位于亚蒙门后方的海滩开始，接着继续前进，欣赏沃狄厄岩（Roc Vaudieu）以及犹如一根定海神针的贝勒瓦岩（Aiguille de Belval）。此外，也别错过位于附近山丘上，纪念1927年5月8日时挑战横越北大西洋却失踪的飞行家南杰塞尔（Nungesser）与柯利（Coli）的博物馆。

DATA

埃特勒塔旅游服务中心

地 Place Maurice Guillard, B.P.3, Etretat

电 02 35 27 05 21

网 www.etretat.net

摄影 / 曹馥兰

摄影 / 曹馥兰

★莫奈的印象派小镇

吉韦尼 Giverny

位于巴黎西北方80公里处、距离维尔农车站5公里远，这座基本上由两条山坡路组成的迷你小镇，大约只需要10分钟就能走完，然而因为印象派大师莫奈的迁入，使得现在每年有50万名旅客涌入居民仅约300人的吉韦尼，只为欣赏这位画家兼具画室与住家功用的宅邸，以及春夏两季繁花盛开的绝美庭园。

1883年时，43岁的莫奈带着家人搬到了这座透过火车窗户发现的城市。因为爱上了这块地方，他租下了一座名为“压榨机之屋”（Maison du Pressoir）的农场，广大的土地上除了一间大房子外，还有1万平方米的菜园与果园。当时农场的四周围绕着一道石头围墙，中央有一条通往房子的阴暗小径，莫奈砍掉了沿途的松树，只留下门前的两棵紫杉，并将它改建成色彩缤纷的“诺曼底园”（Clos Normand），各色不同高度的花朵，以带状排列出一片壮观的花海，间或点缀着一棵棵果树，莫奈由于不喜欢刻意规划过的庭园风貌，所以任由他的植物自由生长。

定居吉韦尼10年后，这位画家买下艾普特河（Epte）支流的邻近土地，尽管邻居担心他会污染水源或种些奇怪的蔬菜而反对他挖掘水池，但在地方首长的支持下，出现在莫奈著名画作《睡莲》中的水庭园（Jardin d'Eau）因而诞生。这座不对称的弧形庭园，灵感源自莫奈热爱的铜版画收藏中的日式庭园，里头还有那座经常出现在他画作中上方覆盖着紫藤的日本桥，以及成片垂柳与竹林。1926年莫奈过世后，他的儿子于1966年时将它捐给艺术学院，并于1977年开始展开修复工作，历经10年才将这处第二次世界大战后遭到弃置的农场恢复原貌。如今游客可以透过展示莫奈书房、餐厅、画室、卧室的居家环境，以及日本浮世绘收藏和两座庭园，了解这位艺术家的生活点滴。

摄影 / 曹馥兰

DATA

吉韦尼旅游服务中心

地 36, Rue Carnot, Vernon Cedex

电 02 32 51 39 60

网 www.giverny.org/giverny.htm

★流连佳酿的甘醇美好

酒乡之旅

▲连绵的葡萄园间或错落着庄园房舍，是许多人的酒庄印象。

千年的历史演进、超过40种的葡萄品种、适宜的土壤与气候、全世界最完善的葡萄分级制度……法国的葡萄酒之所以独占世界龙头地位，并非没有缘故。葡萄园几乎散布法国各地，成为这个国家最典型的景观之一，然而因为不同的风土民情，即使同为葡萄酒，却具有千百种不同的动人风味，只因为每片土地、每种气候、每颗葡萄、每座酿酒厂……都是不同的，太多太多微妙的因素，都影响着这敏感却又充满个性的饮品。

位于法国北部的香槟阿登区，是距离巴黎最近的重要葡萄酒产区，大约只要一个钟头的车程，就能进入这片全世界唯一一处生产香槟的地方。为了达到口感一致，这种气泡酒并不标示年份，而是以不同的葡萄酒调配而成。

曾经在势力远及荷兰、比利时的勃艮第公国统治下的勃艮第，因为统治者下令采用优质葡萄品种以及公国举足轻重的影响力，为此产区的葡萄酒奠定了品质与名声。这片随索恩河（Saône）延伸将近300千米的葡萄酒产地，以生产单一葡萄品种酿造而成的葡萄酒闻名，素有“葡萄酒之王”的美誉。

与勃艮第并列法国两大葡萄酒产区的波尔多，产区主要分布在加龙河（Garonne）以及吉伦特河（Gironde）一带，以多种葡萄酿造且经过长时间熟成的葡萄酒，有着异常浓郁的芬芳与果香，是葡萄酒中的女王，其中圣埃米利永（St. Emillion）产区更被列为世界遗产。

位于卢瓦尔河上游的中央产区，与其他散布这条法国最长河流两岸的另外三个产区，形成全法国最绵长的葡萄酒生产地，1世纪时已有高卢人在此生产葡萄酒，其中距离巴黎南方50千米处的松塞尔（Sancerre），以生产拥有青草般淡香的白葡萄酒最为著名。

酒乡之旅线路图

如何规划

前往酒乡参观最好的方式当然是租车，如果你只拜访单一酒乡，可以选择搭乘火车前往当地的大城市后，再租车前往当地的酒庄，像是香槟阿登区的科尔马、勃艮第区的第戎、波尔多区的波尔多，以及中央产区的松塞尔。

至于想前往一个酒乡以上的人，则建议自行开车前往。另外，在各个葡萄酒产区也会有观光巴士或1~3日不等的旅游行程可前往当地各大酒庄，详情请询问各地观光局。

◆法国国铁网址：ww.voyages-sncf.com

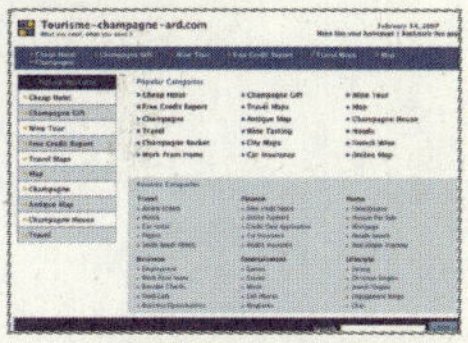
◆香槟阿登观光局网址：www.tourisme-champagne-ard.com

◆勃艮第观光局网址：www.bourgogne-tourisme.com

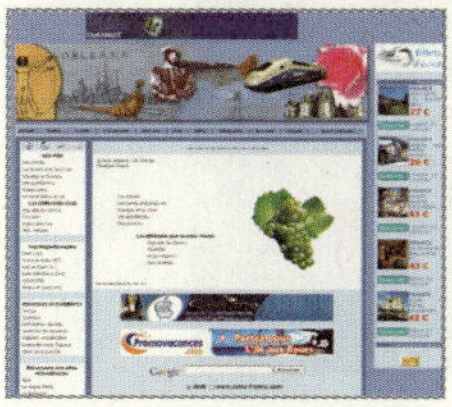
◆卢瓦尔河观光局网址：www.loire-france.com/vins/index.html

◆波尔多观光局网址：www.bordeaux-tourisme.com

Information

★香槟阿登区

伯爵香槟酒庄 Bollinger Champagne

尽管很多地方都生产气泡酒，然而法国香槟阿登区之所以独享此佳酿专利美名，全都得归功于17世纪时天生具备敏锐味觉与视觉的教士——贝希侬（Dom Perignon），在酒庄工作的他，发现了让气泡酒更清澈、气泡更持久的秘密，于是诞生了这项18世纪起在皇室宴会推波助澜下，最具代表性的庆祝饮品——香槟。

年销量150万瓶的伯爵香槟（Bollinger Champagne），有着“香槟之尊”的美誉，创始于1829年的酒庄原本共有三位主人，历经五代的发展，如今成为Bollinger的家族事业。从巴黎开车约一个小时，就能抵达这片适合栽种葡萄且凿洞藏酒的白垩土葡萄酒产区。

拥有贵族背景的香槟酒庄

过了一丘丘的葡萄园之后，映入眼帘的是一栋犹如城堡的建筑，说明了酒庄主人的贵族背景。1941年时，被家人昵称为“莉莉阿姨”（Tante Lily）的Jacques Bollinger夫人，在丈夫过世后继承了酒庄经营权达30年，制定严格质量控制规则的她，曾经走访世界各地只为推销自家香槟，也因此为酒庄带来了崭新的发展。

整套参观行程从祖传城堡展开，里头的摆设维持了三代以前的模样，看得出这个家族对传统的坚持。除了品酒之外，最令人大开眼界的，莫过于收藏了百万瓶香槟、长达5千米的酒窖，在这个永远维持12℃低温的空间里，虽然灯光昏暗、灰尘遍布，但却存放着庄园内历史最悠久的香槟，这些生产于1846年的美酒虽已不可饮用，却沉淀着这个家族一个半世纪以来的回忆。

DATA
伯爵香槟酒庄旅游服务中心
地 B.P.4-51160 AY-Champagne
电 03 26 53 33 66（请提前预约参观） 网 www.champagne-bollinger.fr

★勃艮第区

安德烈高登酒庄 Château de Corton-André

勃艮第这个以红皮诺（pinot noir）葡萄生产红酒、夏多涅（chardonnay）生产白酒的单一葡萄酒酿造产区，利用区内复杂的地形和多变的土壤，创造出各种等级、口感强烈而令人印象深刻的葡萄酒。早在18世纪时，位于第戎南方的波恩（Beaune）已经是酒商的聚集中心，身为勃艮第最著名酒区之一的艾烈斯高登（Aloxe-Corton）正位于波恩丘（Côte de Beaune）与夜之丘（Côte de Nuits）间，在这里，全波恩最大的酒厂，也是波恩丘唯一生产特级（Grands Crus）葡萄酒的庄园——安德烈高登酒庄（Château de Corton-André），以它占地1.8万平方米的栽种面积，名列勃艮第三大酒厂之一。

质好量丰的著名红酒庄

醒目的黄黑相间屋顶，是这座酒庄最著名的招牌，每年生产9000多瓶红酒，这样的成果，应是创始人皮埃尔·安德烈（Pierre André）在买下它时都始料未及的。1927年，这位热爱酿酒事业的商人，一心想拥有一片位于法定产区的葡萄园。于是，在某天夜里得知高登酒庄（Château de Corton）急于出售的消息后，不但连夜赶回城里，而且就在摸黑停留在庄园门口稍作观察之后，便决定将它买下。

勃艮第区在金丘（Côtes d'Or）绵延了将近50万平方米的土地，而皮埃尔·安德烈则与当地葡萄园的拥有者结盟，将这里出产的葡萄酿造出一系列独具风味的葡萄酒。来此参观，除了一般的品酒与参观酒窖行程外，如果时间和人数许可的话，解说人员还会带领大家前往葡萄园，并实地解说在这片以黏土与石灰石混合土为主的土壤上生长的葡萄，是如何受到日照与气候的影响的。

DATA
安德烈高登酒庄旅游服务中心
地 21420 Aloxe-Corton
电 03 80 26 44 25
（请提前预约参观）
网 www.pierre-andre.com

★波尔多区

贝拉思达酒庄 Château Balastard La Tonnelle

提起葡萄酒，几乎所有人脑海中浮现的第一个词都是“波尔多”，这座酒乡之所以闻名，除了因排水佳的优质土壤与温暖的海洋气候有助于造就出优异葡萄品种外，源远流长的酿酒历史以及远销海外的良港，更为它加分不少。境内广达1000平方千米的葡萄园，每年生产的葡萄酒足足比勃艮第的产量多上两倍以上，此外，此地更拥有法国境内最多冠上A.O.C.产地名称的高级葡萄酒，难怪这里会成为法国美酒的代名词。

造访著名酒区的亲切酒庄

除了Château Latour、Château Margaux、Château Mouton Rothschild、Château Lafite-Rothschild，以及Château Haut-Brion五大酒庄外，波尔多还有许多名声或许没那么响亮，但参观起来比较不制式的酒庄，像是位于圣埃米利永（St. Emilion）的贝拉思达酒庄（Château Balastard La Tonnelle）就是不错的选择，毕竟顶级酒庄每年前往拜访的人数实在很多，在应接不暇的情况下，有时会以影片介绍带过，感觉少了点与主人互动的趣味。

贝拉思达酒庄同样是座拥有非常悠久历史的酒庄，历经400多年的历史更迭，这个家族始终以酿酒为业，也未曾易主，因此更讲究酿酒传统，对于品质的坚持明显地反映在葡萄酒的生产量上：1954年时，圣埃米利永的葡萄酒不但做了分级，同时规定每一亩葡萄园最多只能生产50公升左右的葡萄酒，然而贝拉思达酒庄却宁愿减少10公升，以保证酒庄百分之百的风味。

在了解酒庄历史并参观完酒窖、试饮过葡萄酒之后，如果还有时间，不妨前往圣埃米利永逛逛，感受这座美丽山城的迷人魅力。

DATA
贝拉思达酒庄旅游服务中心
地 33570 Montagne St. Emilion
电 05 57 74 62 06（请提前预约参观） 传 05 57 74 59 34

★中央产区

亨利布贺酒庄 Henri Bourgeois

不同于勃艮第与波尔多以红酒著称，位于卢瓦尔河上游、距离巴黎不过50千米的松塞尔（Sancerre），却以酿造顶级白酒闻名，强调以白苏维浓（Sauvignon Blanc）葡萄品种为材料，酒中带着香草等植物香气的它，不但适合搭配当地的羊奶酪，也非常适合作为餐前酒饮用。

生产顶级白酒的历史酒庄

亨利布贺酒庄是全松塞尔最大也最有名的酒庄，历经十代的传承，除了谨守传统的酿造方法，也加入了许多现代化的辅助技巧，以确保葡萄酒的品质与味道，这点和许多坚持传统的酒厂有着很大的差异，因此也产生正反两面的声音，但其生产的白酒品质绝对毋庸置疑。在原料方面坚持使用非常古老的葡萄生产白酒，控制产量的目的在于让葡萄酒维持最佳的平衡状态，并以崭新的规则步骤维持几周的酿造过程，之后每周再以棍棒打上两次，以求榨出更复杂且丰富的口味。

变身醇酒制造器的老橡树

关于这个酒庄，还有一个小故事：1560年时，有一棵种在布吉（Bourges）北方几千米处森林中的橡树，高达37米，是许多权贵前来散步、恢复精力的地点，人们称呼它为"圣艾提恩"（Saint-Etienne）。然而1993年6月的一场暴风雨，无情的闪电击倒了这棵树，于是亨利布贺酒庄的家族成员决定赋予它第二生命——在酒庄劈木工与箍桶匠的巧手下，它被制成存放本区葡萄酒的酒桶，用来收藏2000~2003年的松塞尔白酒，以及2000年、2002年与2003年的当地红酒。1995年举办砍树纪念仪式时，还吸引了多家电视台前来采访。

DATA

亨利布贺酒庄旅游服务中心

地 Henri Bourgeois Chavignol, 18300 Sancerre

电 02 48 78 53 20（请提前预约参观） 网 www.bourgeois-sancerre.com

★准备周全，轻松上路

旅游锦囊

1 实用资讯

□货币

自2002年起，法国停用旧有的法郎，全面改用欧元（euro），纸钞面额有5、10、20、50、100、200、500欧元共七种，硬币面额则有1分、2分、5分、10分、20分、50分以及1、2欧元共八种。

法国不收人民币，在中国银行可以换取一定数额的欧元现金。信用卡在法国的大城市中广被接受，但小镇或一般小型商店、民宿大多只能使用现金。

□电话

从法国打回中国

先拨00再拨中国的国家代码86，然后拨区号（去掉0）和对方号码。

从中国打到法国

先拨00，再拨法国的国家代码33，直接拨法国区号（去掉0）与对方号码。

□电压

法国的电压为220V、50Hz，与国内相同；但若要使用从国内带过去的电器产品，要记得携带圆形的两孔插头转接头。

□公厕

在法国使用公共厕所大都必须付费，就连咖啡馆或麦当劳等快餐店都一样，但若有在店内消费，则可向柜台索取钥匙或密码免费使用。公厕都有人收费或设有投币装置，通常费用为50分或1欧元。

□签证

入境法国一般须申请申根签证，可通行于所有申根国家（法国、德国、西班牙、葡萄牙、希腊、奥地利、荷兰、比利时、卢森堡、意大利、冰岛、挪威、丹麦、芬兰、瑞典、爱沙及亚、匈牙利、拉脱维亚、立陶宛、波兰、斯洛伐克、斯洛文尼亚、捷克及马耳他共24国）。签证有效期最长为90天。

主要停留国家为申根国的申根签证持有者可进入瑞士，但若持瑞士签证则不可进入申根国。

一、申请签证所需材料

★ 短期签证申请表：填写完整，表格上贴近照一张（另备同版照片一张以供扫描）。

★ 护照：有效期需超过所申请签证有效期三个月，并附护照个人资料页复印件一份。

★ 由航空公司出具的往返机票订单。

★ 在申根国家区域内整修停留期间的居住和接待担保。

★ 经济担保：银行出具的证明，建议 5 万元以上。

★ 在申根国家区域逗留区间有效的医疗保险，保险金额不得低于30元万人民币。

★ 中国公民：户口本原件及户口各页复印件。

其他国家公民：有效的在华居留证及复印件。

★ 工作单位证明：注明申请人的姓名、职务、批准休假证明及期限（写明单位地址，联系电话，单位公章以及开具此证明的负责人的姓名和职务）。

★ 在一张空白纸上用中文写清申请人的地址和电话。

★ 如果是旅行团队：当地旅行社出具的介绍信，须详细写明团内游客的姓名、出生日期以及旅行路线；法国或其他申根国家负责接待的旅行社出具的团队担保证明。

补充资料、信息和提示：

★ 所有材料都必须经翻译公司翻译成法文或英文；

★ 所有复印件都必须使用A4复印纸；

★ 法国使馆不接受通过信件递交的申请，并保留询问和索取补充材料的权利；

★ 提供上述材料并不表示一定能够获得所申请的签证。

二、办理时间

★ 周一~周五9:00~12:00，递交申请和咨询；14:00~16:00，领取护照和签证。

三、费用

根据入境次数和停留期限，签证费用在25~50欧元之间。费用按照使馆当时的汇率换算成人民币来支付。

四、办理地点

法国驻华使馆签证处：北京市朝阳区三里屯东三街3号

电话：010-85328119/85328103

签证区域划分：上海市法国领事馆——上海、浙江、江苏；广州市法国领事馆——广东、福建、海南、香港；武汉市法国领事馆——湖南、湖北、江西。法国驻华大使馆签证处（北京市）负责中国其余地区及城市居民的签证申请。

2 交通

□火车

法国铁路网络完整且班次密集，是旅游法国境内最佳的交通工具，虽然巴黎前往各城的航班很多，但因火车站多位于市中心，也不必提前到机场柜台办理手续，再加上票价比机票来得便宜，因此车程3小时以内可以抵达的地点，火车会是最方便的移动工具。此外，由于法国火车相当舒服，主要城市之间也有TGV高速火车行驶，某些路线的夜车还备有卧铺，对于不赶时间的长途旅客来说，能够随意走动且欣赏风景的火车，最能体验法国乡村旅行的乐趣。

不过值得注意的是，有些小城市之间虽然距离不远，但因为没有直达火车，故必须前往大城市换车，相对的也就需要花费比较多的交通时间，因此，在规划路线时，不妨多注意附近几座城市的火车发车状况以便调整，或者选择回到巴黎再出发，再则可选择租车或搭乘当地巴士前往，有时反而能节省时间。

法国国铁概况

法国国铁公司简称为SNCF（Société National des Chemins de Fer Français），主要以巴黎为中心，借由市内六座车站呈辐射状朝法国领土四面八方延伸：从北站出发的火车主要往来于皮卡迪与北部地区；东站出发的火车涵盖阿尔萨斯、洛林与香槟阿登区；里昂车站行驶于勃艮第、罗讷河－阿尔卑斯以及普罗旺斯和蔚蓝海岸间；奥斯特利茨车站则贯穿巴黎正下方，一直到最南边的比利牛斯地区；整个西南地区是蒙帕纳斯车站的地盘，布列塔尼、卢瓦尔河与大西洋地方都在它的范围之内，而圣拉扎尔车站则负责诺曼底地区。

法国快速火车称为TGV，这种平均时速250千米、最高速度可达300千米的火车，以每天600多个班次，往来行驶于181个城市中，目前仍不断增建，希望与欧洲大城的火车网络接轨。搭乘TGV火车必须事先订位，分为头等与二等、吸烟与禁烟四种车厢，火车上设有餐车，提供简单的食物，最早可以于2个月前订位，但不可以携带脚踏车上车。附设床铺或卧铺的夜车也必须事先订位，两者均有头等与二等之分，床铺车厢（Voiture-lits）头等为1~2人、二等为2~3人，卧铺车厢（Couchette）头等为4人、二等为6人，最早同样可在2个月前订位。至于其他火车班次除非特殊时段容易客满外，基本上不需要订位，也有头等与二等的区别，搭乘时须注意，否则必须补足差额。

各种火车票券

在法国搭乘火车，只要12~25岁、60岁以上、两人成行、8天前或是30天前购买二等车票，甚至于非高峰的蓝色时段都能享受不同的折扣优惠，不妨事先规划或询问火车详细折扣情况。短程火车只需要在当地购票即可，至于想要搭乘火车进行长途旅行的人，最好根据自己的情况选购不同的火车票。

只在法国旅行的人，可以在国内先购买法国单国火车通行证，有一个月内任选3~9天不等的使用日期，种类包含头等与二等、成人与12~25岁的青年、单人或2~5人同乘等多种通行证，都可搭乘SNCF所有的火车、TGV以及部分大巴黎地区的区域火车，不过需另付订位费与卧铺费用。

至于从事跨国旅行的人，则可按照自己即将前往的国家选择不同的火车通行证，包括涵盖欧洲17国（英国除外）的Eurail Pass，以及任选欧洲3~5国的Eurail Selectpass，当然也有青年与成人、单人与团体之分。在购买这类票券之前，最好先规划出前往的目的地以及路线，并上法国国铁网站查询票价，以便找出最适合购买的天数以及哪种火车通行证，达到最大的经济效益。

□巴士

除了飞机火车之外，也可以搭乘国际长程巴士前往或离开法国，连接欧洲25国的欧洲巴士（Eurolines）停靠法国境内80多个车站，几乎遍及各大都市，但只适合法国境内的长途交通。另外，法国国铁公司在某些地区会以巴士代替火车接送乘客，详细情形可以咨询各大火车站购票柜台。至于往来于地区间的巴士也相当多，不同的地区由不同公司经营，相关信息可询问当地旅游局。

3 住宿

旅游业发达的法国，拥有从露营地到五星级饭店等符合各种需求的下榻地点，一般来说，住在市中心或火车站旁比较方便，但相对的也可能比较贵或空间较小。大城市中通常没有淡旺季之分，只有某些避暑或避寒胜地可能会因季节的不同而调整房价。除了旅馆或饭店外，也有民宿可供选择，年轻人则可入住青年旅馆，至于停留期间较长的人，不妨选择配备家具的短期公寓。法国主要的住宿地点分类如下：

□古堡饭店

这类奢华的饭店，通常由历史悠久的城堡或修道院改建而成，大都位于交通较不方便的郊区，但景色优美且装潢古典，静谧的气氛为人所喜爱，价格通常居高不下。不过卢瓦尔河一带有许多昔日贵族宅邸或私人庄园改建的小型饭店，让游客在比较能够接受的价格下，体验类似的浪漫气氛。

□各级饭店旅馆

法国政府颁布了清楚的饭店分级制度，按照不同的设备分为1~5颗星，星等越多自然越高级，但许多星等较少的旅馆未必住宿条件较差，只是因为没有达到一定的规模。原则上三星级的旅馆通常具备基本设施，地点也算适中，综合性价比来说，是不错的选择。另外，法国某些大型商务连锁饭店还可加入会员，以较便宜的房价入住，或是取得长住折扣，也可以透过他们的服务，代订下一个目的地的同连锁饭店。

Accord Hôtel集团

这个在世界各国共拥有4000家饭店旅馆的集团，从汽车旅馆到五星级旅馆一应俱全，符合各个族群的需要，尤其在法国各地拥有多处据点，非常适合前往自助旅行者参考、使用。

网址：www.accorhotels.com

□民宿

无论大城或小镇都可以找到这种以小型旅馆模式经营的民宿，它们通常除了早餐之外，也提供午餐和晚餐，借由这样的用餐方式，所有房客与屋主之间可以产生互动甚至结交朋友，体验入住饭店或旅馆所得不到的乐趣，特别是乡村地区的一些农场，还能让房客参与农务，感受特殊的当地生活。

常用法文单词或会话

中文	法文	中文	法文
日安	Bonjour	明天	demain
晚安	Bonsoir	昨天	hier
你好吗?	Comment allez-vous?	日	jour
我很好	Je vais bien	星期	semaine
请……	S'il vous plaît	警察	police
谢谢	Merci	火车站	gare
对不起	Excusez-moi	地铁站	metro
再见	Au revoir	车票	billet
是／不是	Oui／Non	票价	frais
……在哪里?	Où est ……?	时刻表	horaire
这是什么?	Qu'est-ce que c'est?	医院	hôpital
现在几点?	Quelle heure est-il?	邮局	bureau de poste
什么时候?	Quand ……?	邮票	timbre
多少钱?	Ça fait combien?	厕所	toilette
救命!	Au secours!	餐厅	restaurant
住手!	Arrétez!	水	eau
姓	nom	面包	pain
名	prénom	猪肉	porc
男	homme	牛肉	boeuf
女	femme	鸡肉	poulet
上午	matin	鸭肉	canard
中午	midi	羔羊肉	agneau
下午	après-midi	海鲜	fruits de mer
晚上	soir	鱼	poisson
深夜	nuit	蔬菜	legume
今天	aujourd'hui	水果	fruit

法国 玩全指南

FRANCE GUIDE & MAP

责任编辑：高　瑞　gaorui0402@vip.sina.com
　　　　　朱轶佳　neverland1220@hotmail.com
责任印制：冯冬青

图书在版编目（CIP）数据
法国玩全指南 /彭欣乔编著. – 北京:中国旅游出版社，2008.4（2012.4 重印）
ISBN 978-7-5032-3413-2
Ⅰ.①法…　Ⅱ.①彭…　Ⅲ.①旅游指南－法国　Ⅳ.①K956.59
中国版本图书馆CIP数据核字（2008）第030871号

北京市版权局著作权合同登记号：01-2007-3880

书　　名：法国玩全指南

作　　者：彭欣乔
出版发行：中国旅游出版社
　　　　　（北京市建国门内大街甲9号　邮编：100005）
　　　　　http://www.cttp.net.cn　E-mail:cttp@cnta.gov.cn
　　　　　营销中心电话：010-85166503
排　　版：北京中文天地文化艺术有限公司
经　　销：全国各地新华书店
印　　刷：北京翔利印刷有限公司
版　　次：2008年4月第1版　2012年4月第2次印刷
开　　本：720毫米×970毫米　1/16
印　　张：11
字　　数：148千
定　　价：29.00 元
I S B N　978-7-5032-3413-2

FRANCE